クヨクヨしない すぐやる人になる
「心の勢い」の作り方

一念的威力！

超

只要點燃幹勁，
氣場就會又好又強！
輕鬆找回人生動力的
正念小本本

行動派的
心靈氣勢養成法

川野泰周、恩田勳 著
蔡昭儀 譯

「每到早上，醒是醒了，卻起不來。」

「那通非打不可的電話，就是不想打。」

「桌上那些該送出的文件，遲遲交不出去。」

已經厭煩成天懶散的自己，**想要做點改變的人，**

為了你，我們寫了這本書。

「總之先行動一分鐘就好。」

「把工作盡可能分割成小單位進行。」

「先準備好獎勵。」

明明知道很多克服拖延的方法，
卻連執行這些方法都要拖延。

正在煩惱的你，請先試著實踐本書中
「正念」與**「動能」**的行動要點，
我們精心挑選了多種非常簡單且獨特的方法。

不用有負擔，找一個適當的時間，抱著嘗試的心情做做看。
漸漸地，在不知不覺中，
你的心靈會慢慢培養出「動能」，
越做越有趣，成為說做就做的超行動派。

消除心中雜念的

「正念技巧」

一分鐘整理情緒的
「手心三溫暖」

➜ P94

放下手機，出去
「散步十分鐘」

➜ P95

觀察單調重複的動作
「掃地機器人冥想」

➜ P100

瞬間變身
行動派的

「動能技巧」

瑜伽祕術
「火呼吸法」
→P32

盡情沉迷
當個狂熱粉絲
→P148

找到個人專屬的
英雄姿勢
→P163

第3章 超行動派的第一步：消除內心的雜念

第4章

超行動派的第二步：鼓舞你的心

第5章

超行動派的第三步：引爆燃燒動能

第6章

擁抱樂觀主義的人生

前言

擺脫內耗，輕鬆找回人生動力

失去動力的現代人

現代人越來越沒有動力了。這是本書作者川野和恩田的共同體會，為了幫助「沒有動力」的人們，兩人一起執筆寫了這本書。川野是一位禪僧，也是精神科醫師，而恩田的工作是企業管理顧問，雖然兩人的背景迥異，卻經常一起討論這個社會問題。

大家是否也覺得**自己越來越沒有動力了**。

這個問題在人際關係當中尤為顯著。NHK於二〇二三年播放的特別報導節目《疫情之後，與人相處變得煎熬》，非常發人省思。

根據世界衛生組織（WHO）的研究報告，**自從疫情開始，有「焦慮症」的人增加了二五%**，也陸續有論文發表疫情與「心理健康影響」的相關研究，件數高達三萬六千件以上。從這些研究可以看出，疫情已經使我們的人際互動發生了變化。人們獨自生活的時間變長，與人相處也都隔著一層口罩，甚至是透過遠端視訊，**面對他人時會感到不安的心理便逐漸生成。**

簡單說，越來越多人感覺與他人溝通有障礙。雖然有人生來就不善與人交往，但令我們擔憂的是，「**連原本喜歡交朋友的人，也感受不到與人交流的樂趣了**」。

熟悉商場的恩田最能體會這種感覺。例如，在新進人員研習的休息時間，多數參加的年輕人完全不想與鄰座的同事交流，每個人都各自盯著手機看。即便是團體活動，像是「〇〇先生，這項工作拜託你了！」「關於〇〇小姐的意見，我的看法是……」這樣簡單的互動也沒有人要主動參與，最後實在沒辦法，只好由講師強行介入。

公司的管理階層也對這個現象傷透腦筋。如果一個人沒有與他人交流溝通的意願，就更不會產生「想與社會接軌」、「想要幫助別人」的念頭。這樣的心理狀態，**再怎麼熱衷於研習，也學不到任何技能**，即使學到一些，也很難在組織中充分發揮所學。不只是新進人員，最近連公司的中堅階層，缺乏動力的人也越來越多了。

在診所服務的川野對於病患的改變特別有感。雖然以前也有不少苦於人際困擾的社交障礙患者，但最近就診的民眾卻特別多。疫情逐漸趨緩固然值得高興，但是當遠距工作模式告一段落，大家陸續準備回公司上班，與人接觸的機會也會開始增加。有人際關係障礙的患者，卻因此感受到莫大的壓力。

以精神科醫師的觀察，疫情的影響不只有這些，隨著數位工具的發達，除了與人溝通，**各種工作也都變得講求效率，然而另一方面，多工作業卻使人們的「大腦疲勞」越積越多**。

過度的壓力和大腦疲勞，容易使人的心理失去平衡，憂鬱症或焦慮症等精神疾病發作的風險變高。川野認為，現代人當中有一大半都是這種心理疾病的「預備軍」。許多人雖然還不到罹患「心理疾病」的地步，但是人經常懶洋洋的、任何事都怕麻煩，心裡明明想「做點什麼」，卻一直拖拖拉拉，就是不想動，這種氣氛正在社會上蔓延開來。

動能，是開拓人生的能量

此外，川野和恩田還共同意識到另一個問題。是與「正念」有關的事情。

正念，是藉著「冥想」等方法，將意識專注於「當下」，**調整心理，去接受事物真實的樣貌**，以此緩解大腦疲勞、心靈焦慮，還有排解不安，恢復我們原本充滿生氣豐盈的心理狀態。所謂的正念，可說是為了健全人生所形成的大智慧。

川野長期推廣源於禪修的正念，恩田則積極研究禪修和正念在組織發展上的應用。

另一方面，對於單靠正念也無法解決的問題，或是正念產生的「副作用」，我們也有深刻的體會。**有些人不是排解了心靈焦慮或不安就能感覺快樂**，人要付諸「行動」向前行，還需要其他要素。簡單說，對於沒有想過「我希望這樣生活」，或是沒有夢想和目標的人來說，光靠正念使心情變好，也不會激起任何想要採取行動的意願。

根據我們過去指導冥想的經驗，也發現**有不少人因為心靈能量的電壓太低，只憑冥想法的修復，根本無法把心靈能量提升到足以驅動身體行動的程度。**

「反正只要我的心靈能得到平靜就夠了。」這麼想也無妨，對於為心理問題飽受困擾的人來說，這的確已經是莫大的救贖。然而，站在正念原本的基礎，也就是佛教精神來看，只有自己一人獲得心靈的平靜並不是解決問題，所以釋迦牟尼才要雲遊四海宣揚佛法。

而在商場上，只靠正念也不足以解決問題。

近年來，有許多心理學者提出「欠缺倫理價值的正念，只是助長自我欺騙」的看法，我們同樣不能忽視這些研究報告。例如，戰場上的士兵如果做了正念冥

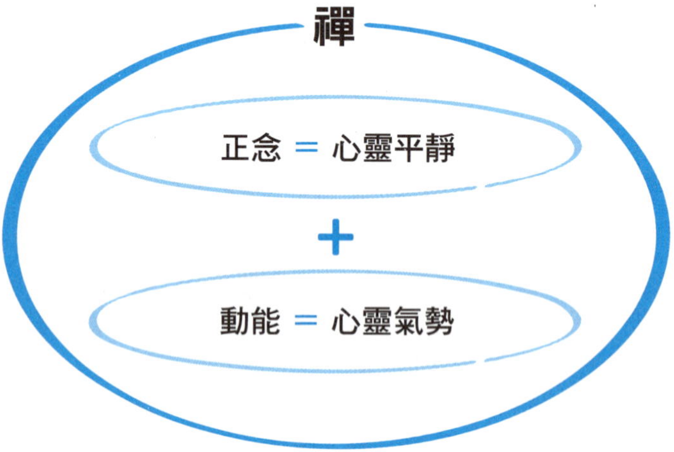

想，很可能對殺人就不會感覺良心不安，但這並不是我們所謂的正念。

於是，我們研議出一套「**動能**」的思考方式。

讓「有氣無力」的心靈振作起來，注入活力，也就是心靈的能量。**正念的作用是「讓心靈平靜下來」，而動能則是「為心靈加把勁」。**

其實，正念和動能原本就是「一體兩面」，正念的根源是禪修，真正的內涵不只是「讓心靈平靜」的要素，也富含許多「增長心靈氣勢」的動能關鍵。

在認識川野以前，恩田就開始注意到內在動能的重要性。「經過多次培訓研究，我發現許多沒有動能的人就算再怎麼努力提升技術，也總是徒勞無功，成效有限。」經過不斷的研究，他深深體會到要將正念導入商業界，動能的概念是必不可缺的要素。因此他決定與川野合作，這三年多來，兩人積極投入為商界人士開設禪修與正念的課程和講座。

用正念療癒心靈，用動能使心靈產生衝勁。為了現代人的身心健康以及更具活力的人生，接下來要好好為大家介紹正念和動能的重要性。

第1章

心靈氣勢將改變你的工作與人生

總是懶洋洋，是因為你缺少心靈氣勢

動能就是心靈氣勢。

我們可以直接做這個結論。

所謂動能，本來在物理學上指的是物體運動而具有的能量。在投資界，這個詞彙指的是市場行情的走勢，例如「今天的動能有向上趨勢」、「市場動能逐漸趨弱」等。

而在生活中，我們有時候也會用「氣勢」來表達心裡的「某個狀態」。在人生中，氣勢是很重要的，像是某人最近很旺很有氣勢、趁勢就結了婚，諸如此類的例子。

「所謂的心靈氣勢是什麼呢？」可能很少人會認真思考這個問題。不過，心靈「沒有」氣勢的狀態，大家可能多多少少都有經驗。

一通早就該打的電話，左等右等，拖拖拉拉，猶豫半天就是打不出去。

資料的交件期限眼看就要到了，卻又提不起勁，再等一下吧。

明明身體很健康，睡眠時間也很充足，但就是沒那個心情。

為什麼會覺得全身乏力沒勁呢？

最近總是感覺頭腦不太靈光，無法專注……

這就是「不想動的自己」。

每天就這樣沒勁的度過。

「啊啊，又過了一天。」

「這樣真的不行啦。我果然很沒用。」

最後**甚至會認為這個「不想動的自己」，才是自我的本質，莫名沮喪起來**。

我們會這樣責備自己，是因為有人正好與「不想動的自己」相反。應該要做的

事，他們會馬上去做。剛剛人還在悠閒喝咖啡，一轉眼就已經起身，動作俐落地進行下個活動了。你的身邊有沒有這種「說做就做，馬上起身行動」的人呢？

「好麻煩……」「可能會失敗吧。」「就覺得很累……」「不知道有什麼意義。」「還是明天再做好了。」上述這種負面思考，**有人能突破，但有人卻難以克服**。

「拖拖拉拉」與「說做就做」，兩者差別究竟在哪裡呢？

幹勁，是後天培養而來的嗎？

還是與生俱來的性格呢？

幹勁十足與內在動能高的人，確實大多傾向於馬上行動，他們可能從小就經常被父母稱讚「這孩子真是活潑積極」。這樣的人長大後大多能毫無顧慮地展開行動，該做的事也不會拖延時間。

我們都認同這樣的觀點，但是就算有想做的意願，**心靈也需要有一個「火種」來幫我們點燃幹勁**。

沒有「火種」，心靈就無法產生氣勢，光是打一通電話，都要糾結好久。相反的，如果心靈有衝勁，就算原本總愛找各種理由拖延，也會一步步向前推進。這股力量勢必能夠扭轉我們的工作和人生。

動能的效果最早受到關注，是在國外的商業界。

席捲全世界的生成式人工智慧「Chat GPT」之父，美國創業家山姆・阿特曼（Sam Altman）早早就開始關注動能。

他以投資家的角度，觀察過數百家新創企業的經驗後，直白指出：

「新創最重要的就是動能」。

新創企業最重視的不是嶄新的事業創意，也不是向投資家募集資金，而是行動的氣勢。

即使在人力、設備、資金上沒有大企業般的優勢，更有動輒失敗的風險，也不用管那麼多，總之先做做看就對了。在持續行動的過程中，一點一點累積成果、不斷學習、儲備能量，終能一步步走出獨創且嶄新的道路。

這種從動能而來的新創精神，正是山姆・阿特曼想傳達給我們的吧。

動能，就是開拓人生的力量。

面對提不起勁的自己，一點點行動就好

「為什麼要做這件事？」↓提不起興致，任何工作都覺得枯燥。

「反正我也做不好……」「好無聊……」↓滿腦子負面思考。

「那也非做不可，這也非做不可。」↓無法保持專心。

做事情拖拖拉拉，似乎有各種原因，但絕大部分應該都不是受別人干擾的緣故。換句話說，無法行動的原因在於自己的心，所以我們才會怪自己「提不起勁」。

但是，如果了解人類大腦的機制，就會知道**「不想動」不是「幹勁」的問題**。我們不光是「因為有幹勁才行動」，有時也會「因為行動了，所以有幹

勁」。

不是因為開心才笑，也會「笑著笑著就開心起來」。

不是因為想跑才跑，而是「跑著跑著，越跑越起勁」。

這就是人類大腦的機制。

影響大腦機制的關鍵，是腦內一種叫做「多巴胺」的激素。多巴胺是腦內生成的神經傳導物質，負責獎勵系統、快樂，還有激發幹勁的重要功能，是大家熟知的快樂激素之一。而我們需要關注的是，「多巴胺必須伴隨著一些行動才會分泌」。換句話說，**當我們坐著不動時，多巴胺不會分泌，所以也不會產生幹勁**。

幹勁是行動之後才產生的。或者說，想要改變我們的思維，就必須先讓身體動起來。

看到這裡，大家可能還是不太理解。「因為沒有幹勁，所以不想動」而困擾的人，聽到「為了激發幹勁，所以要行動」的論調，可能會反駁：「就是因為做不到才會困擾啊。」

不過，請大家安心，那怕是「一點點」的行動也沒關係，甚至說，**我們需要的正是這「一點點」而已**。

舉一些身邊常見的場景為例。

- 想到「今天要大掃除！」，屁股卻坐在那裡就是不想起來。如果換個角度，**「只要整理書桌就好！」轉念這麼想就會比較容易開始行動。**「整理一分鐘就好！」決定了就動起來，一旦多巴胺開始分泌，便會越做越順手，結果往往會再做五分鐘、十分鐘，一直持續下去。
- 「有一份麻煩的文件非做不可，卻遲遲不想動手。」這時不如先放下工作，活動一下身體。起來做做伸展，或是**坐在椅子上把意識專注於呼吸**，都很有效。想要放鬆心情的時候，我們會長長地深呼吸，而想要給自己加點衝勁時，則可以有節奏地吐氣，「哈、哈、哈、哈！」，或是以三三七拍子」進行也不錯。

●工作時，列出「待辦事項清單」當然很重要。但是，「任務的優先次序」、「事情有沒有遺漏」等，這些煩惱總是沒完沒了，一心二用只會更加疲勞。這時最好從「先完成一項眼前的任務」著手。假設有一百個任務，要同時處理這一百項是不可能的，通常是逐一執行「單一任務」，對吧。只要決定好「先完成眼前的任務」，就不會像無頭蒼蠅一般焦慮不安，而是能穩穩地照著順序，接著第二項、第三項，順利進行下去。

像這樣「一點點」的行動，不僅可以點燃幹勁，也能有效製造心靈的氣勢。有了多巴胺的分泌為心靈打氣，平時拖拖拉拉的人漸漸就會變得充滿活力、行動積極起來。

1 三三七拍子，在日本具代表性的加油應援節奏之一，以三拍、三拍、七拍的順序重複進行。

本書將會以各種生活場景為例，為大家介紹如何輕鬆激發動能的方法。每一種方法都是只要簡單利用呼吸、節奏、大笑、與人搭話等小技巧，無需多加考慮就能執行的「一點點行動」，它們的共同特徵就是可以有效提升動能。

「明明該動起來了，卻一點也不想動……」

遇到這種情形的時候，不妨試試本書介紹的方法。建議最好在執行之後，保留一點回顧的時間，感受「內心發生的變化」。

「怕麻煩的心情真的消失了，整個人變得更積極，也更能專注了。」

慢慢累積這些小小的成功體驗，心理動能就會越來越高。

只要站起來，就會提升動能

身體和心理是一體的，行動和情緒有著緊密的關係，甚至行動會影響情緒，而這正是動能的基本。不是「有幹勁才行動」，而是**「行動了才有幹勁」**。同樣的道理，不是「因為覺得好笑才笑」，而是**「笑出來了才感覺好笑」**。這在腦科學研究的領域也已經獲得實證，即使是假笑，笑著笑著，也會覺得真的很好笑。

所以說，激發動能的條件就是，

「無論如何，先行動再說。」

例如，想像一下清晨的你賴在床上，滿腦子想著：「不想去上班……」這樣無力躺著，躺再久也不會產生「想上班！」的心情。但如果只是「先站起來」，是不是就覺得做得到了呢？

光是做出「站起來」這個小動作，人的心情就會開始改變。

行為科學也會利用「站起來」這個動作，例如開會時不用電腦，讓參加者全體站著討論。執行後，結果大家都非常專注，討論也很熱烈，會議中更沒有打瞌睡的人了。

無論什麼情況，保持「**遇到瓶頸就動一動**」的觀念。除了「站起來」，也可

以挺直背部、起身走一走、做伸展操、練習高爾夫球揮桿（當然棒球或劍道的動作也可以）、跳舞，或是小跑步等，都可以有效啟動你的動能。

瑜伽祕術：火呼吸法

「呼吸」也會影響動能。

例如昆達里尼瑜伽所傳授的「**火呼吸法**」便可用於提高動能。不過，真正的火呼吸法很難，因此這裡為大家介紹簡易版。

首先挺直伸展背肌，「哈！哈！哈！哈！哈！」短促且用力地吐氣。或是更好記一點，「哈哈哈、哈哈哈、哈哈哈哈哈哈哈！」以三三七拍子的節奏進行也可以。

由於**做完火呼吸法後，人會像激烈運動後那般心跳加速，有些運動員也會用這種方法自我訓練**。非常熟練的人甚至可以只靠呼吸，就讓心跳加速至一分鐘兩百下左右。

不過，一般人不要太逞強，最多做五至十次就好，太多次可能會引起過度換氣症候群，尤其是有心血管疾病隱憂的人，切記要適度使用，量力而為。

為什麼呼吸會影響動能，這就要說到自律神經。火呼吸法會刺激交感神經，而交感神經正是負責讓身體活動起來的，所以也可稱為點燃動能的呼吸。

除了火呼吸法，後面還會介紹可以幫助我們放鬆心情的「呼吸冥想」。心情平穩再配合緩慢的呼吸，就能刺激掌管放鬆狀態的副交感神經。

這麼看來，學會呼吸法，我們甚至可以控制自己的心情起伏。

第1章總結

- 整天懶洋洋不想動，並不是因為幹勁不足，而是心靈缺少「火種」。
- 所謂的「動能」，就是連美國新創企業都重視的「心靈氣勢」。
- 一點點行動，就能點燃幹勁。
- 只是站起來，也能提升內在動能。
- 遇到瓶頸時，就起身動一動、伸展一下。
- 試試看能有效刺激交感神經作用的火呼吸法。
- 學會呼吸法，我們甚至可以自主控制心情起伏。

第 2 章

有了心靈氣勢，
每個人都是超行動派

從「正念」到「動能」

本書所介紹的「動能」，其實是源自「正念」。

正念是一種心靈訓練，**學習放下一切煩惱，意識「只關注當下」**，以禪宗的「冥想」來練習。近年來，Google和微軟等國際企業紛紛引進正念課程幫助員工減壓，引起世人關注。

我（川野）作為精神科醫師與禪僧，多年來一直努力推廣正念。正念**可以使疲勞的心靈獲得療癒，同時也能增強心靈對壓力的抵抗力，讓我們得以從痛苦中重新振作**。心靈要像竹子一般有韌性，任暴雨狂風都吹不斷、打不下，才能面對社會的壓力，堅韌正向地生存下去，所以我們要練習正念。長久以來，我一直懷抱著這個信念進行推廣活動。

不過，我也注意到一個問題。過去的正念練習，是藉著極度放鬆的效果，將心靈的負能量歸零，但如果要使人更積極行動，**讓心靈的能量從零轉為正，勢必要有更進一步的方法**。正念運用的是我們心靈的自淨力，比起提振精神，更著重於「調整心靈」。

正念治癒心靈的效果固然重要，但我們還需要另一股力量，瞬間鼓舞氣勢與幹勁去激發具體的行動。因此，我越來越覺得，**學習正念「之後」，我們的人生還需要更進一步的某種力量**。

許多人並不清楚自己的內心到底是不是負能量。來求診的患者們，確實有不少人是因為當時的心理狀態很糟糕。但有更多人的狀態是，說不上負能量，卻「總是整個人感覺無力」，這已經是現今這個時代的普遍特徵了。

正念「之後」指的是什麼？我獨自摸索了一段時間，後來偶然在商業界學到了「動能」的概念。**動能不足，正是心裡「總是感覺無力」的原因，也是那些「不想動」的人最大的共通點**。正念必須要配合動能的實踐，才能幫助更多人獲得積極的人生。我現在非常確信這個想法。

禪僧是「成為莫迦，馬上行動」的達人

回顧正念的歷史，**「動能必須與正念搭配運用」**這個想法其實有跡可循。

前面說到正念源自於禪宗自古以來的一種「冥想」修行，而冥想即是精神專注於「現在・當下」，使心靈放鬆，進而控制自我專注的方法。

不過，禪宗的修行不只是冥想，甚至大部分的修行都不是為了放鬆。我們一般對寺廟的印象多半是莊嚴靜謐，**其實禪僧的生活是非常忙碌的**。尤其是被稱為「雲水僧」的修行僧侶，他們的身心每天都承受著高強度的鍛鍊，幾乎可說是全力以赴、拼上性命的修行。

禪僧修行分為「**理入**」與「**行入**」兩大類。這是「不倒翁」的原型・達摩大師所倡導的修佛之道。理入指的是研讀經典，通悟道理，也就是從思想方面開始的講座式修行。而行入則是以行動、身體去感悟的修行。移動的時候絕不是悠閒地慢慢走，身著日常僧衣時，是全力快步，穿作務衣（工作服）時，就要衝刺

了。其他如灑掃、煮飯、用餐、梳洗、入浴等，不僅有全套詳細的作法，盡可能迅速進行更是基本原則。**在禪宗，日常生活就是修行**。

行入有時候非常辛苦，這是禪修的真實情形。以我的經驗為例，我印象最深刻的修行是十二月一日到八日凌晨都不能躺下來睡覺。除了用餐和誦經，其餘的時間都在禪坐。中途如果快要打瞌睡了，就會被師父用警策棒敲打肩膀。

為什麼這麼不合情理？這應該是大家心裡的疑問。

禪坐的由來，據說是起源於釋迦牟尼「七天七夜在菩提樹下禪定開悟」的傳說，更重要的是，這樣的修行在追求什麼效果。

簡單說，是為了**「成為莫迦」**。在佛教用語中，莫迦是「無智」的意思。

禪語中有所謂的「不動智」，指的是充滿智慧，卻又不受智慧禁錮，心能夠四面八方、自由自在移動的境界。以現代語言翻譯，就是大腦能夠靈活思考，不受煩惱綑綁，反應靈敏，思路清晰並能臨機應變，甚至處於「可以隨時採取行動」的狀態。相傳江戶時代禪僧澤庵禪師曾對德川將軍家的軍師．劍豪柳生宗矩說過，禪修可以修得不動智的境界。

對此，我的解釋是，

人因知識而開智，大腦有了太多思緒，煩惱便增加，使得動能降低，漸漸就變得不想動了。這就是**「被智慧禁錮」**的狀態。再聰明的人，都必須要能根據生活遇到的各種狀況敏銳應變，瞬間「成為莫迦」。當人達到莫迦狀態，感覺會變得敏銳，動能也更容易提升。有知識基礎的人，為了提升動能，投入「成為莫迦，馬上行動」的修行，這就是行入。

過去我在修行時，師兄們總是反覆提醒我，「要變成莫迦！」

知識和修為固然重要，但同時也要謹記**「考慮太多便會綁手綁腳」，這就是禪的戒律。**

禪修是為追求「無心以成事」的反覆修行。

如果從神經科學的角度來說明「禪修的效果」，就是要**剝奪人的「注意力容量」**。一個人在某瞬間可以對一件事物關注的心智資源（注意力容量）其實是有限的。身心都被戒律所限制的修行，會消耗注意力容量，也就不會再為其他事情分心了。這樣的修行養成習慣後，便能隨時專注於「當下」應該要做的事。

經過修行，禪僧就能成為良性意義的「傻瓜」（莫迦）。換言之，**修行有成的禪僧就是「能臨機應變，隨時付諸行動的人」**，經年累月的修行下，他們已經習慣經常維持在高度動能的狀態。我的師兄長年隨侍在師父身邊，平常性格穩重且從容，但若看見遠處的師父好像在找什麼東西，就會馬上飛奔過去，遞出師父所需要的物品。當然，每次需要的東西都不一樣。法事前準備的佛具，用餐時的餐具或調味料，更衣時的衣服或香袋，各種需求都有，儘管師父並沒有具體說需要什麼，師兄卻總是能精確猜到，這令我非常佩服。

本書將會介紹各種啟動身心動能的方法，其中有好幾項都與禪修的行入相通。重點是，**從身體去感悟，而不是頭腦**。想要改變意識，就先改變行動。

日本人自古重視「文武兩道」，或許也是同樣的思維。**一味死讀書會降低動能，變得不敢行動**，所以必須搭配運動，刺激多巴胺分泌，以維持動能。

所謂禪僧，也可說是文武兩道的達人，至今我的修行只能算是半桶水，今後仍須繼續精進、多多努力才行。

正念＋心靈氣勢＝超行動派

如前述，正念源自於禪修，其中也包含了動能的要素。但是，這裡會產生一個疑問，在歐美國家興起的正念，無論是心理療法，或是大型ＩＴ企業引進的課程，都是著重放鬆與控制專注力的方法，動能的要素好像並未受到重視。**正念與動能為什麼會被切割開了呢？**

我猜想，禪宗與內觀冥想（第86頁）「之所以會切割開來，是因為這樣比較容易融入歐美文化，為了讓更多人願意接受這種減輕壓力的方法，必須抽離宗教元素」。

禪宗作為宗教，有很多地方令一般人難以理解，例如，禪的修行並不是為了「達到什麼目的」。

後面我們還會介紹，除了「穩定情緒」之外，正念還有其他優點，其中之一就是動能的要素。**不過，如果「為了某個目的而實踐正念」的意識太強，反而會無法專注於「當下」。**禪宗主張最重要的是達到無心境界，其他好處都只是因為這個結果伴隨而來的。所以，一般不會從禪宗角度導入正念的優點。

不過，我（川野）既是精神科醫師，有時也會向患者舉出經醫學證實的禪坐諸多效果。畢竟有好處，大家才會想試試看。若是向得道高僧詢問禪坐的效果，可能只會得到一句話：「禪坐不會有什麼好處。」他的意思並不是「沒有利益」，而是禪宗本來就認為**「修行不應該懷著求取利益的心」**。不求目的，但實踐之後會得到好處。對於資本主義觀念已根深蒂固的歐美人來說，這種乍看之下概念矛盾的「日本式正念」實在難以理解，只能將各種要素抽離，最後成為極簡化的「歐美式正念」才得以推廣。我是這麼認為的。

題外話，**禪宗的正念在這樣簡化的過程中，其中動能的要素逐漸被淡化了。**但這或許正是歐美文化所期盼的結果。強調放鬆情緒與加強專注力，使得正念更淺顯易懂，也更容易建立體系，如此才能廣為海外企業所採納。

經營企業顧問公司的友人恩田社長，長期致力於將正念帶入商業界實踐應用，協助企業進行創造性開發、改善人力工作表現，以及組織發展等，當我與他討論這個疑問時，他這麼說：

「在歐美文化，大家都是從小養成自立的個人主義，許多人原本就自帶強勁有力的動能。他們關注的是心靈需要療癒，對鼓舞氣勢、振奮心情的效果並不是那麼期待。如果不考慮文化差異，只因為歐美流行就全盤搬到日本來（其實是逆向輸入），日本人或許會覺得說不上來哪裡怪怪的，不太容易接納。」

這的確是正念與動能分離的原因之一。

在我（川野）看來，從歐美逆向輸入到日本的正念，的確不像歐美那樣為之盛行。

日本和歐美對正念的看法並不相同。

其原因可能就如恩田社長的見解，**文化背景的差異，使日本人與歐美人在精神面產生了隔閡。**

在歐美，尤其像Google、蘋果等大公司的員工，個個都是精英分子，他們有高度的自我肯定，基本上都是「正面積極」的人，對人生的規畫也是「希望達成○○成就」、「以此為目標」等，具有強烈的目的意識。換句話說，他們的內在動能本來就是處於高能量的狀態。

因此，一時的心理疲勞（或是大腦疲勞），只要實踐正念就能恢復，自淨作用就足以幫助他們立刻找回積極的正能量，像是工作更有活力、改善業務效率，以及提高生產力等，這些都是肉眼可見的效果。歐美企業積極導入正念課程，正是期待這種顯而易見的優點。**相較於「療癒」效果，他們真正期待的是正念能激發員工的行動力。**

在另一方面，日本人對工作的目的意識比歐美人薄弱，自我肯定感也相對低。沒有目的意識，就不會產生動能。人生缺乏目標和動機，自然看不到前進的方向，不知道該做什麼。**正念很可能只是減輕了心理的疲勞，卻沒有推動下一個行動。**結果，無法啟動內在動能，擺脫不了「無力感」的消沉狀態，也沒辦法做出改變、擁有積極正向的生活，這樣的人並不少。正念作為心理療法，**可以緩和**

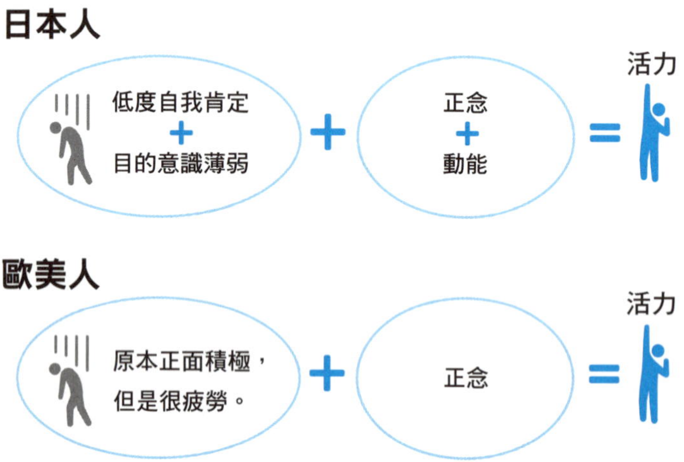

憂鬱和焦慮的心理症狀，也能預防復發，這些效果都有可信的數據實證，我們也可以期待更進一步的應用。但是，在日本企業或是一般社會大眾之間，正念的推廣卻沒有太大進展，我們認為原因之一或許是因為「動能要素的不足」。

過去十多年來極力推廣正念的我，之所以關注到動能的理由就在於此。如果歐美型的正念在日本水土不服，**何不由日本人自己創造出適合日本人心性的正念**。我所期待的不僅止於「療癒」或「專注力訓練」，而是能夠提振心靈氣勢，找回我們原有的行動力，這將會是一種嶄新的正念型態，而動能是必不可缺的要素。

因此，我們決定聯手開發出一套能夠提升動能的實踐方法，本書中關於正念的內容主要由川野負責，而動能部分就由恩田先生執筆。

為什麼你總是提不起勁？

「總是提不起勁」是因為缺少了心靈氣勢。**有些書把這股氣勢稱為「自奮力」，也就是「振奮自己的力量」**。一個人為什麼會沒辦法振奮自己呢？我們認為主要的理由有以下幾項。

大家不妨看看自己會是哪一種模式。

模式①「充滿無力感、怕麻煩、沒心情」➜大腦疲勞

現代人生活在巨大的壓力下，不僅是身體，大腦也非常疲勞。

身體的疲勞，或許休息一兩天，好好放鬆一下就可以恢復，但頭腦的疲勞卻難以消除，時常感覺昏昏沉沉的。

「工作總是不順手，無法專心。」

「早上起床就感覺全身無力，不想工作。」

「夏天之前要減肥！但還是明天再開始吧……」

這些拖延都很可能是因為大腦疲勞所致。

● 模式②「這麼做到底是為了什麼？」⬇ 沒有夢想或目標

「想要〇〇……」「為了〇〇，我要努力！」心裡有目標，人就會振作起來，這既是生活的指引，也是人生前進的方向。想到「夢想正在一步步實現」，枯燥的工作也就不那麼辛苦了。

相反的，**沒有夢想或目標的人，也就沒有理由去做枯燥的工作，更不用說提升動能了**。最後變得沒有行動力也是必然的結果。

這麼說來，「你的夢想是什麼？」這個問題，現在能夠馬上說出「我的夢想是〇〇」的人有多少？尤其是年輕世代，似乎對未來不太抱持夢想和希望了。在一項針對十七歲到十九歲年輕人所做的調查中（二〇二二年發表），調查範圍包含日本在內的六個國家，日本年輕人「懷有未來夢想的比例」排名最低，結果低於六〇％。韓國、美國等其他國家大多有八成，差距相當明顯。當然，這或許是因為日本已經足夠富裕，年輕人覺得沒有改變現狀的必要，但也可能正好相反，為生活奔波勞碌已經精疲力盡，根本沒有餘裕去思考未來，形成了「想也沒有用」的消極心態。

模式③「可是……因為……反正……」➡滿腦子負面思考

例如明明有「想做的事」或是「必須執行的任務」，卻老是不能馬上行動。「可是……因為……反正……」習慣性找藉口拖延，每個人都應該有這樣的經驗。縱然心中懷有遠大的夢想或目標，卻遲遲踏不出「開始的第一步」，甚至拖了好幾年。

阻礙我們行動的會不會是這些負面思考：

「反正不會順利，一定會失敗。」

「這種事肯定會被拒絕。」

「標新立異會被貼標籤，遭受批評。」

在商業界，這種什麼事都還沒做就開始擔心、不安的心理，稱為「**焦慮幻想**」。

「我要更積極一點。」明明內心想要振作起來，卻無從轉換心情。人類的大腦就是越不想要的越會去想。**拼命想要拋開負面思考，卻反而更焦慮，這其實是正常的「心理機制」。**

在別人看來，這樣的人可能是「個性執拗、不知變通」，對未來過於擔憂，受過去失敗的心理陰影牽絆，導致他對眼前的事實無法做出正確判斷。抱著這樣的心態，原本再開心的事也開心不起來了。不過，這種習慣是可以改過來的，後續我們會從各種角度來介紹。

模式④「等我做好準備……」➜完美主義者，做事過於謹慎

聰明的人總是比較慎重。

「為什麼要這麼做？」

「結果會發生什麼？」

「有什麼好處或風險？」

這些疑問沒有獲得滿意的答案之前，他們不會有所行動。

但是，現實通常都是難以預測的，所以**頭腦聰明的人多半都是「先觀望情況」**，不會「馬上試試看」。

「不要考慮那麼多，總之先做做看，說不定很有趣呀。」對於習慣理論思考的人來說，這樣的建議好像在勸他「傻傻地妥協就好了」，不少人會因此引起反感。也因為這樣，有時候聰明的人反而遠離了「不動智」，看事情變得綁手綁腳，難以迅速付諸行動。

越聰明的人，也越容易受困於前面說過的焦慮幻想。「聰明」就是善於分

析，特別是針對失敗的可能性尤其在意。無論是工作或讀書，總是想「先計畫好，按部就班才不會慌亂無章」，寶貴的時間都在思考中過去了。這是最常見的模式。

模式⑤「萬一失敗了怎麼辦……」➡缺乏自信

有些人看起來天生就充滿自信，但其實大部分是從小累積成功經驗所培養出來的。例如，在父母的讚美誇獎下成長的孩子，有健全的自我肯定感，遇到任何事都會相信自己「做得到」。即使偶有不順，也會樂觀以對，「失敗在所難免嘛。」像這樣自我安慰。

同樣的，「可能會失敗……」的負面思考也是其來有自。

有些人似乎只要經歷過一次大失敗，就從此喪失了自我肯定，但**影響最大的還是從小累積的負面經驗**。不聽父母的話就會挨罵，努力讀書卻得不到老師的誇獎，或是想要挑戰新事物，卻反被同學嘲笑……有這樣不愉快的成長經驗而變得裹足不前，也是理所當然。每次想要做點什麼，就不由自主地焦慮，「萬一失敗怎麼辦……」或是「就算做了也不能改變什麼……」「成功會被討厭，失敗會被罵。」腦子裡盡是不去行動的藉口。

模式⑥「太大聲會不好意思……」➡行事低調、性格內斂

這應該是日本人特有的文化因素。

例如，我們看到美國人情緒高昂地大聲歡呼，完全不會覺得奇怪。當大聯盟球賽的觀眾在看台上旁若無人地大喊「ＹＡ！」，不禁會讓人感嘆或許這就是天生的動能。

跟美國人比起來，日本人總是**在意旁人眼光，大多是老實安靜，連運動賽事都還要注意禮貌**。例如柔道選手拿下「一本」時想要做出勝利的手勢，卻顧慮到可能會被批評「對敗者沒有敬意」而作罷。但喜悅的表現應該和汙辱的舉動是完全不一樣的，雖說顧慮敗者的態度是武士道精神的美德，我也認同應該要遵守，但是完全壓抑個人情緒，就不像是運動比賽了。應該要像已經適應美國作風的大谷翔平選手，直爽地對觀眾大方展現勝利喜悅的樣子。

本書所介紹的動能訓練可以有效刺激多巴胺分泌，幫助我們克服這些妨礙行動的絆腳石。我們的目標是「從行動激發幹勁」，而不是「先有幹勁再行動」。**只要懂得善用動能訓練的技巧激發幹勁，任何人都能輕鬆地動起來，開始振作**。

不過，我們也必須停下來思考一下。

凡事只要「馬上動起來」就好了嗎？想要從根本改變這種無力感，應該要能夠「一直保持行動力」才行。

變身火力全開的行動派，需要兩大動能

事實上，作為心靈氣勢的動能有「兩個概念」。

動能確實能鼓舞「不想動的人」，具有激發行動意願的效果。在這層意義上，動能就像是心靈的火種一般。

但是，**空有火種並不保證「可以一直保持燃燒」**。即使踏出最初的第一步，

要繼續走第二步、第三步，只靠火種型的動能是不夠的。我們還需要有「鼓舞人生向上的目的意識」和「健全的自我肯定」作為基礎的長效型動能，以確保火勢持續燃燒。

如果只靠著火種型動能一直跑，會發生什麼事呢？最後可能燃燒殆盡，超出身心負荷演變成過勞（或稱身心俱疲症候群）。

例如，昨天還對工作充滿熱情的人，突然像蠟燭燒光一般，完全失去工作意願，辭職走人。越是認真工作、有責任心的人，越會為了滿足別人的期待而努力，但**如果心裡無法清楚知道「人生為了什麼努力」或是「自己的存在很重要」，其實是非常內耗的。**

「正念課程之所以能在Google這類歐美企業扎根、產生影響力，是因為他們都是有高度目的意識的精英階層。」這些人之所以能藉著正念撫慰心靈的疲勞，恢復動能，是因為**他們自身原本就已經具備豐沛的目的意識和自我肯定感**。

但各種研究調查都顯示日本人普遍缺乏自我肯定感。

因此，日本人必須先培養目的意識和自我肯定感。這是追求充實人生、努力向上的根本動力。

近來，心理學界及商業圈所提倡的「復原力」（Resilience，或稱心理韌性），也是因應這個需求。復原力，簡單說就是即使在極大壓力下也「不會屈服」的心。一般人可能以為，抗壓性強的心會像水泥一樣堅硬。但其實水泥很脆弱，瞬間一個強烈的撞擊就能粉碎。**真正堅強的心，是「不會屈服」的心。**就像竹子或竹葉，在強風中折得再彎也絕不會斷掉，還能馬上恢復直立，對壓力毫無畏懼，甚至藉著壓力更加茁壯。這才是真正的復原力。

這麼說來，動能也是「啟動復原力的關鍵要素」。

復原力即是心推動人生向上的力量。透過點火動能啟動復原力，使火勢更加旺盛強大。

保持行動力的四大支柱：兩種冥想與兩種動能

我們應該怎麼做，才會有復原力呢？

心靈因為各種原因導致動能低落，突然說「人生要有目標。要努力向前行」，恐怕還是困難重重。舉例來說，強迫一個總是負面思考的人訴說夢想或目標，內容可能還是會傾向負面。這樣反而造成反效果，對自己更絕望，例如：「我只有這種夢想嗎？」「我本來就想不出什麼像樣的目標。」即使偶然意識到「我應該過這樣的生活」，結果也會否定自己，「反正我一定辦不到。」「還有別的更重要的事吧。」心靈的壞習慣可能早已養成。

這時候要**按部就班**。

在第3章，我們會介紹基本的正念。例如，以意識「**當下**」的奢摩他冥想（第86頁）為中心的練習，斷絕內心一切干擾行動的雜音。

接著在第4章，我們要介紹能立刻鼓舞心靈的「點火動能」練習。

基本上，平常對於生活和想法積極正面、人生中「有許多想做的事」、有豐沛目的意識的人，讀完第4章就很可能成為行動派的一員了。藉由活動身體，可以促進多巴胺分泌，擺脫「無力感」的委靡心情。

如果讀完第4章，還是沒有產生「想要○○生活」的念頭，行動力也沒有明顯變化的人，請務必繼續讀第5章。

第5章要介紹另一種有別於「意識當下」的冥想，稱為內觀冥想（第86頁）。內觀冥想是「不做評價或價值判斷，僅如實觀察自我」。觀察自己真正期盼的東西是什麼，想要怎麼生活，探尋沉睡在內心深處真正的想法。此外，我們還會介紹賦予行動正面意義的方法，以及培養自我肯定感的方法，這些是奠定未來人生道路的基礎，明朗、愉悅且忠於自我。

第5章也有幾項動能練習，但這裡不是要點燃動能，而是要守護、維持已經在內心點燃的動能，我們稱之為「燃燒動能」，以作為「點火動能」的對比。

關於點火動能和燃燒動能，以及奢摩他冥想與內觀冥想，我們可以用「升火」來做比喻。

簡單來說，奢摩他冥想就像是「天幕」，讓我們免於日曬雨淋，可以在天幕下放心升火。

點火動能的練習是讓木柴燃燒起來的**火種**。即使木柴有一點潮濕，只要有火種，就可以很快把火升起來。接著，燃燒動能練習與內觀冥想則是讓**木柴變得更容易燃燒的狀態**。沒有火種就無法升火，沒有好的木柴就無法維持火勢。奢摩他冥想輔助點燃動能，而內觀冥想則是維持燃燒動能的火焰持續旺盛。

那麼，我們就從正念練習開始吧。

基本冥想（一）呼吸冥想：觀察呼吸

首先是呼吸冥想，這個方法隨時隨地都能實踐，適用於所有人。當你覺得疲倦，做什麼都沒力氣的時候，不妨試試看。這裡要介紹的是坐在椅子上進行的呼吸冥想。很簡單，只要「觀察」呼吸。

❶ 雙腳稍微張開，坐在椅子上。想像頭頂上有一條線拉著，背部延伸拉直。

❷ 深呼吸三次。讓新鮮空氣充滿胸腔，再自然地吐氣。

❸ 不要刻意控制，讓身體自然呼吸，觀察在鼻腔流動進出的氣息。

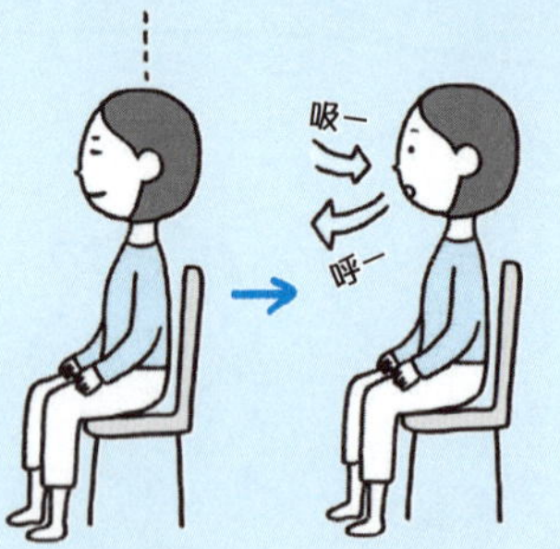

冥想的重點在**「觀察」**。不必想著要「深吸氣、長吐氣」，也不用刻意控

制，自然呼吸就好。可以將注意力放在鼻腔中進出的氣息。

應該有人會感受到單純只是**「吸一口氣」，大腦的疲勞就能舒緩許多**。當然，如果感覺舒服，繼續進行五分鐘、十分鐘當然也很好。

基本冥想（二）步行冥想：專注腳底的感覺

呼吸冥想之後是「步行冥想」，也有人稱作「正念走路」。這裡的重點也是「觀察」，要專注觀察腳底的感覺。

放慢速度，才能更容易感受腳底的感覺。每一步都要分成四個部分。

一、提起腳跟

二、抬起腳趾

三、在空中移動

四、腳底著地

腳跟、腳趾依序離開地面，感受腳底從體重解放、在空中移動、然後腳跟著地，地面的觸感又回到腳底。

一開始可以在心裡默念「腳跟提起來」、「著地」，會更容易跟上感覺。

因為要克制自己的步行速度，最好在人車稀少、安靜的地方進行，這樣也更容易感受腳底在行進間的細微變化。**利用工作空檔在房間走一圈，效果也很好**。

如果你覺得「將一步分解成四個部分」有點難度，還有更簡單的步行冥想。

一、依照平常的步行速度

二、默念「右、左、右、左」，意識集中在腳底的感覺

如此而已，不過有一點必須注意，不是要配合

「右、左、右、左」的節奏，否則就變成只有「行進」，而不是冥想了。祕訣是「實況轉播」腳底的感覺，或是想像「左腳追右腳」，在心裡默念「右、左、右、左」。這樣才是冥想。習慣之後，就可以不再執著於「右、左」，**只專注在腳底交互接觸地面的感覺**。

這樣看起來與普通的步行沒有兩樣，利用通勤移動的時間、散步的時候都可以善加練習，好好舒解大腦的疲勞。

基本冥想（三）身體掃描：從頭到腳消除全身的疲勞

身體掃描是從頭頂到腳趾，讓全身深層休息的冥想。當疲勞的一天結束，為自己安排一個舒服療癒的時間（時間長短只是一個大概，不必精確計算）。

❶ 全身放鬆平躺，從呼吸冥想開始（三十秒至一分鐘左右）。

❷ 把注意力放在頭部，仔細感受後腦勺，感受頭部的重量及溫度，此時

會感覺很舒服（兩分鐘）。

❸ 接著，意識來到鼻腔，自然地呼吸。感受鼻腔中進出的氣息流動。

❹ 意識繼續往下來到頸部、肩膀、背部、腰部一帶（兩分鐘）。

❺ 意識再繼續流動到腹部（一分鐘）。

❻ 最後充分地感受全身（三分鐘）。

觀察感覺的順序也可以從腳趾往頭頂方向移動，方法很多種，只要找到自己最容易執行的順序就好，不必拘泥於某一種方法。有些人身體掃描的時候，會出現一陣睡意，睡著也沒關係。在日本，有四〇%的人深受睡眠障礙困擾，即使躺在床上，大腦也無法休息。若能藉著身體掃描**引導大腦活動放慢下來，改善睡眠**，那就再好不過了。

第2章總結

- 「正念」療癒疲倦的心。
- 相較於歐美，日本人對工作的目的意識薄弱，自我肯定感也比較低，因此日本人才更需要動能。
- 「生活總是出現無力感」的人，缺乏心靈氣勢。
- 禪僧的修行大致分為「理入」與「行入」。理入是研讀經典，由理悟道的修行；行入則是藉由行動，用身體悟道的修行。
- 為達到「成為莫迦，馬上行動」境界的修行就是「行入」。
- 想要改變意識，先從行動開始。
- 生活想要持續保有行動力，我們需要「點火動能」、「燃燒動能」、「奢摩他冥想」與「內觀冥想」四個方法相輔相成。

第3章

超行動派的第一步：消除內心的雜念

用正念停止胡思亂想

要重新設定內在總是焦慮不已、坐立難安、無法清靜的心，使其回到平靜的中庸狀態，正念冥想是很好的方法。

我們先了解一下冥想的基礎知識。前面也提到過，冥想是禪宗自古以來的修行法之一。生活在充滿壓力的現代社會，我們可以將冥想帶入日常，時時提醒自己**專注於「當下」，讓大腦休息**。

冥想有呼吸冥想、步行冥想等不同種類，但在專注於「當下」的方法這一點是共通的。因此我們可以更廣義地**善用生活中的一切行動練習冥想**，大家不妨利用這個機會，找到自己的「原創冥想」。

冥想帶來的益處很多。

近年來，腦科學領域紛紛針對冥想發表多項研究成果，例如：冥想有助於提升專注力、判斷力、抗壓性等容易影響工作表現的關鍵能力，還有改善人際關係、減緩憂鬱症等心理疾病的症狀，並且降低日後復發的機率，諸如此類的正向效果。

其中，許多人在短時間內就能明顯有感的效果是**「頭腦變清晰了」**。我建議大家一開始練習可以試試最基本的呼吸冥想（第60頁）。

除此之外，我還想再介紹一種更簡單的呼吸冥想：**「一口氣冥想」**。只需要做一次呼吸，就可以達到放鬆效果，堪稱史上最快速的冥想。

伸出一隻手，左右不拘，對著手心呼吸一次，讓手掌能均勻地感受到氣息。不必在乎幾秒吸氣、幾秒吐氣，也不用管胸式呼吸、腹式呼吸，完全不必控制氣息。比起一般的呼吸冥想，透過手掌心，更容易掌握專注呼吸的感覺。

呼吸與情緒的起伏有很深的關係。因此，冥想中如果產生雜念，情緒有波動，呼吸就會開始紊亂，手掌心馬上能感覺到不對勁。不過，即使呼吸不穩定，也不用急著調整，只要繼續保持呼吸就好。

「呼吸有一點點急促呢。」

「漸漸穩定下來了。」

保持呼吸，只要「觀察」就好。這就是意識「當下」的祕訣。

受困於「大腦疲勞」的我們

正念冥想可以「使頭腦清晰」。這也足以證明，我們的大腦確實很疲勞。

來找我（川野）看病的患者多半都是這樣。我們**現代人的大腦比身體要疲勞得多**，問題也更嚴重。麻煩的是，大腦的疲勞與身體不同，光靠睡一覺是不會恢復的。而且我們對大腦疲勞沒有自覺，往往不知道要處理這個問題。

很可能某一天就突然感覺身體不舒服，原因不明，或無法專心、心理障礙、幸福感低落等，出現各種症狀。如果放著不管，就會演變成失眠、自律神經失調、憂鬱症等，甚至更嚴重的身心症狀。

「總覺得無力，不想動」或許就是大腦疲勞所致，而你還沒有自覺。

我們的大腦為什麼會疲勞呢？

背後的原因是現代的「資訊過剩」。網際網路問世之後，我們的大腦必須處理的資訊量比以前增加了數十倍。智慧手機使問題更加速激化，我們時常要頻繁瀏覽社群媒體、打遊戲，大腦根本無暇休息。

「一心多用」的情況越演越烈。

職場上，**同時處理多項業務的「多重任務」已是常態**，安排A工作的拜訪時程、準備B工作的簡報資料、出席C工作的會議、D工作的收尾……像這樣「一邊進行○○，同時處理△△」的狀態，變得稀鬆平常。

日常生活也開始有多重任務的情形。吃飯滑手機、通勤途中背單字、聽音樂看書。**並沒有人指派這些事情，是我們自己要「一邊進行○○，同時處理△△」，疲勞**

就這樣日復一日在大腦中持續累積。

結果發生了什麼?「專注一件事」的時間從我們的生活中消失了。我們總是一心多用，整天「心不在焉」。腦科學將這種「心不在焉」的情況稱為**「心神漫遊」**(Mind Wondering)——我們的心(Mind)時常在飄移(Wandering)。生活在現代，每個人都很難擺脫心神漫遊的狀態。

這就是造成大腦疲勞的直接原因。

根據腦科學研究指出，在心神漫遊的狀態下，大腦消耗得非常厲害。這是由於大腦中神經迴路的**「預設模式網路」(DMN)**所致。預設模式網路是當我們對尚無明確解決方案的問題做各種設想時，會特別活躍的神經迴路。

此外，與正念有密切關係的還有兩種神經迴路。一個是「中央執行網路」(CEN)，主要在為了實現目標訂定計畫、朝著終點專注執行工作時活躍。另一個則是切換DMN與CEN的「警覺網路」(SN)。

DMN所消耗的能量，占大腦整體耗能的六〇%以上。也有報告指出**現代**

人清醒的時候，有五〇%的時間都處於心神漫遊的狀態。可見我們的大腦能源耗盡也是理所當然。

動能之前，要先正念

那麼，如何才能消除大腦疲勞呢？如果是身體的疲勞，我們可以按摩、做美容、泡澡等等，選擇很多。年輕人可能好好睡一覺，身體就恢復得差不多了。但是大腦的疲勞卻不是「睡一覺就會好」，不想辦法排解，就會一直累積下去。

一定要在症狀惡化之前，讓大腦休息。排解的方法就是平時做正念冥想。抑制ＤＭＮ的活動，阻止過多耗能的心神漫遊，將迷茫的心牽引到「當下」的特效藥就是冥想。

接下來是最關鍵的。

當你感覺思緒混亂，就會滿腦子負面思考。

明明知道「一定要行動」，但心靈和身體就是跟不上這個念頭。

這時候，你要馬上做的不是動能的練習，而是正念冥想。

在大腦疲勞的狀態下，動能還是可以啟動、發揮作用。但是，先前說過，只有動能會有過勞的風險，大腦一直處於疲勞狀態，動能的效果也會減半。**正念是「保持行動力」的第一步。**一定要先紓解大腦的疲勞，之後才是實踐動能，如此才能發揮更大效果。

「懶洋洋冥想」入門

本書所要介紹的冥想，叫做「懶洋洋冥想」。

隨時隨地都可以做。

想做的時候再做就好。

不想做的話也能隨時喊停。

可以毫無壓力地持續執行，而且效果顯著。

這就是懶洋洋冥想。

一般人對冥想的印象都是「有既定的規矩，嚴格自律很克制」的感覺。但若不是禪宗的修行者，其實完全不必拘泥這些。反而是如果**一直惦記著「一定要〇〇……」，意識就無法專注在「當下」了。**

甚至，冥想是越「不努力」才越有效。一直很認真努力的人常會推托：「沒時間。」「就算想持續也沒辦法。」這些都是自己以為的藉口。每天只要增加一點感覺「很舒服，心情很好」的瞬間，懶洋洋冥想就成功了。

懶洋洋冥想，就是平時懶洋洋的人也能持續做下去的冥想，**同時也是幫助太認真的人減輕內心擔子的冥想**。

本書從第94頁開始是一系列懶洋洋冥想的詳細內容，請大家暫且放下成見，務必要試試看。

其中有一些方法，可能有人會驚訝，「這樣也叫冥想？」

例如，做家事。家事可是懶洋洋冥想的寶庫。屋內打掃、擦鞋、洗衣、刷牙，許多平常我們不會特別去意識，然後不知不覺就做完的家事，偶爾「用心地做」，就可以是一種很棒的冥想。

「高麗菜切絲」冥想就是很好的例子。

沒有特別要怎麼做，只是好好地專心在菜刀切著高麗菜的感覺。手上感受著高麗菜清脆地被切斷，耳朵聽著菜刀咚咚咚切在砧板上的聲音。心裡沒有嘟囔著「用刨絲器比較快」，意識一心只專注在「切高麗菜」。

不僅僅是家事，任何事，只要掌握訣竅，就可以做到冥想。尤其是像高麗菜切絲這樣**「單純的重複動作」，冥想的效果最大**。

例如「攪拌納豆」的動作。我經常在吃早餐的時候，實踐這個冥想。心裡清淨如水，不疾不徐，認真仔細地攪拌納豆，感覺不再有雜念，心思

澄淨。不擔心還沒發生的未來，也不懊惱無法追回的過去，這個時間只埋頭於「當下」。這樣專心一意地攪拌出來的納豆鋪到熱飯上享用，真是無比的美味。

同樣的，「攪散」雞蛋、蘿蔔「磨泥」、「切」蔥花、「刷」皮鞋等動作，只要專心一意，就是一種冥想。

冥想會占據「注意力容量」

為什麼冥想可以這樣穩定心靈呢？

我們用一個心理學的關鍵字「注意力容量」來說明。

先前說過，人總是「越是意識到不可以想的事，反而越想」。這也導致就算知道「拖拖拉拉考慮太多，才會動不起來，應該先動了再想」，卻仍然難以執行。越是不該想的就越想，越是不該煩惱的就越煩惱，因為這是人的特質。

但是，人能夠對一件事付出的注意力其實是有限的。如此說來，只要把這個容量用完就好了。冥想就是一個好方法。藉著冥想，把意識都灌注到「當下」，

注意力容量用完，就能什麼都不考慮了。

冥想占據注意力容量的力道很強勁，我在寺中修行就曾親身體驗。先前提過的雲水修行，無論是精神面或是肉體層面，都是高強度的考驗。我三十歲入門算是比較晚的，雲水僧大多是二十歲至二十五歲的年輕人。其中當然也會有一些受不了修行，哭著說想回家的後輩。

即便如此，修練到身心耗盡，像憂鬱症那樣倒下的人，至少在我修行的那三年多不曾出現過。每天工作到精疲力盡，晚上幾乎是「一躺進被窩，再醒過來已經又是早上」那般，總是能瞬間進入深層睡眠。用這樣艱難的修行來消耗注意力容量，人根本沒有空閒再想東想西。

「放空」才能把事情做好

接下來我會用一些根據來說明正念的效果不只是「使頭腦清晰」。

正念提高專注力

我們經常聽到有人會說「無法專注，不能專心工作」。其實，曾有數據顯示，人本來就不擅長集中精神在一件事上。

微軟公司的研究發現，人可以保持專注的時間最多只有「八秒」。近幾年也有專家指出，我們能專心聽別人說話的時間大約是三十分鐘至四十分鐘，大學的授課時間九十分鐘已經太長了。一個人不專心，不是因為他沒有幹勁，也不是他想翹班，其實是大腦已經到達極限。

而練習意識「當下」的冥想，可以幫助我們恢復專注力，聚焦於應該處理的課題。

相反的，如果**專注力耗盡仍繼續工作是很危險的**。就像汽油用光的引擎繼續運轉，很可能會演變成過勞，這也是拖延的元凶。如果你感覺「專注力已經耗盡」，就停下手邊工作，做一下冥想。你可以坐在位子上，做呼吸冥想，也可以在樓梯上下走動，專心感受行進間腳底的感覺變化，都是很有效的方法。

讓大腦休息片刻，反而可以提升工作業務的生產力。

歐美企業之所以關注正念，正是基於這個理由。

Google總部就設有「冥想室」，提供員工在工作的空檔做冥想。任何人都很難保持一定的高度專注力持續工作，但若能在工作空檔時加入冥想，情況將會很不一樣。就像是**「邊工作邊休息，邊休息邊工作」**，這樣即使執行多重任務，也不會有過勞情形，可以一直保持專注力。

有一些企業也曾公開數據，證實職場上加入冥想的效果。

Yahoo從二〇一六年開始為一千五百多名員工提供為期七週的正念課程，實施後，「勉強出勤[1]」的平均數據改善了二〇%。其中一週實踐三天以上冥想的人，大約改善了四〇%，效果超乎想像。

其他，例如保險公司安泰人壽（Aetna）設有「正念中心」，提供一萬三千多名員工參加正念研習，據說**成功幫助員工減輕三分之一壓力，每人的年生產力提升了三千美元**。

此外，也有研究證實了正念可以改善拖延的壞習慣。

香港教育大學針對三百三十九名大學生進行為期六個月的問卷調查，得出**正念傾向的程度與拖延習慣呈現反比關係**的結果。換句話說，正念傾向越高，拖延習慣的傾向就越低，反之，正念傾向低，則拖延習慣的傾向就高。研究報告指出，提高正念程度，就可以減少拖延傾向。當我們感覺到「拖延的壞習慣又開始蠢蠢欲動了」，不妨就做一下冥想。提升專注力和判斷力，擺脫阻礙行動的負面思考，就能專心在「當下」應該做的工作。

正念可以感受幸福

冥想，是佛教自古流傳下來的古老智慧，告訴我們何謂健全人生祕訣，「越能專注於當下，就會越幸福。」有許多研究結果證明了這點。

1 勉強出勤（presenteeism），儘管有身體健康不適的問題，依然正常出勤，但是業務效率低落的狀況。

二〇一〇年，美國曾經做過一項實驗，他們先向人提問：「**你現在正在做什麼？**」假設受訪者回答：「正在吃飯。」那就再繼續提問：「你剛才心裡在想什麼？」結果，回答「想著吃飯」的人竟然很少。換句話說，大部分的人吃飯時，其實都處於心神漫遊的狀態。

接著，將這項實驗的受訪者分成四組。

第一組：邊想著心煩的事邊吃飯

第二組：邊想著不痛不癢的事邊吃飯

第三組：邊想著開心的事邊吃飯

第四組：只專心吃飯

最後調查這四組人的幸福度，結果顯示專心吃飯的第四組最幸福。

正念提升創造力

現代人特有的心神漫遊狀態，也是一種「視野變狹隘」的狀態。我們常有各種煩惱，導致自己無法客觀判斷身處的狀況，自我設限於「一定要〇〇……」「應該要△△……」這些偏見，偏頗的思考也常常傷害到別人。冥想可以消除心神漫遊，讓我們的心從偏見中解脫。

這也是佛教所說的「無分別」境界。擺脫「應該要這樣」的束縛，客觀看待事物原有的樣子，才能夠不受拘束、自由地思考。

我們所在的社會，對於「世故」通常是肯定的。能辨別好壞或得失似乎是知性的象徵，在社會上也比較容易生存，的確是有道理。

然而，**世故同時也會削減我們原有的創造力。**人在無意識的狀態下，有著無數的創意，其中有些可能會成為社會生活的阻礙，因此通常不會顯露，而是在內心深處受到自我審視與過濾。

冥想時，我們可以拋開這種內在審視，過去那些「不可以表現出來」、被排除在外的創意、**跳脫常識框架的新點子，才會浮上意識，被我們重新覺察**。除此之外，以前認定「反正做不到」或是擔心「會被嘲笑」而放棄的生活方式、夢想、目標也會再次從心底浮現上來。

那麼，冥想是不是也會激發傷害別人的想法？對於這個疑問，我的答覆是：「只要是正確實踐，就不用擔心。」佛教的根源思想之一是「慈悲」，心懷「慈悲」實踐正念冥想，滋養出來的就是既富創意，同時不忘為自我與他人著想的心。

正念還能改善人際關係

「開始冥想後，人際關係改善了。」

「與人的衝突變少了。」

我經常收到這樣的回饋。截至目前，我已經舉過許多例子，說明冥想有各種正向的效果，例如：恢復專注力、提升創造力，或是促進工作效率。簡單說，就是為隨時行動做好準備。但是，怎麼還能改善人際關係呢？

這就要說到「自慈心」。所謂自慈心，是指藉由正念培養「對現在的自己肯定、疼惜」的心。在歐美稱作自我關愛（Self compassion，或稱自我慈悲）。近年來，心理學的研究發現，自我關愛較高的人罹患各種疾病的風險較低，他們的幸福感也更多。

為了解自慈心，我們再複習一次冥想。

冥想從意識「當下」開始，此時心神漫遊便會停止，阻礙我們行動的負面思考也會調整更新，心靈很自然地趨向正面。到這邊都是先前介紹過的。

但是，正念的效果還沒結束，我所隸屬的正念學會對正念做了以下定義：

「有意識地將注意力引導到現在、當下的體驗，不做任何評價，也不執著於任何事物，僅僅只是單純觀察。」

不過，正念冥想除了**「專注於一種感覺上的冥想」**外，還有**「自由擴大意識**

範圍，觀察各種事物原有樣貌的冥想」。

從腦科學來看，前者是先前解說過「把注意力專注於一點」的冥想，「停止」意識矇矓的冥想，也有人稱為專注冥想（focused attention meditation）。後者則是「擴大注意自己周邊的冥想」。我們稱為開放式覺察冥想（open monitoring meditation）。

佛教冥想原本就有這兩種區別。在傳承自佛祖冥想修行的上座部佛教（泰國、緬甸、寮國、斯里蘭卡等南方系的傳統佛教），前者被稱為奢摩他冥想，後者則是內觀冥想。

兩者雖然不同，卻又息息相關。如果你在生活中養成習慣實踐集中意識的冥想，大腦就會從聚焦專注模式切換成開放式覺察，意識自然而然向著外部的世界擴展開來。

呼吸冥想也有這個效果。

當意識專注於「當下」的呼吸時，心自然會平靜下來。但漸漸地，「腳底有點癢癢的」或是「外面有車子開過去」、「還有郵件要回覆」等，心裡會萌生各種雜念。這是奢摩他冥想發生雜念的狀態。剛開始，對於這種雜念，奢摩他冥想的基本做法就是「回到專注呼吸」。但是，日常生活中養成冥想的習慣後，某一天你會發現，突然變成「**一邊感受呼吸，同時也能察覺到外界各種事物**」的狀態。這應該就是從奢摩他冥想切換成內觀冥想了。只是這種變化，光靠奢摩他冥想可能沒辦法持續太久。舉例來說，就像在遠離人煙的深山中修行冥想的仙人，阻斷了一切與外在環境的接觸，獨自埋頭冥想，終究也只是奢摩他冥想而已。但禪宗的修行就不是這樣。坐禪的確是奢摩他冥想的狀態，但禪修是將日常的一切生活行為當作修行。日常中與同伴互相鼓勵、勞動灑掃、入世托鉢，還會與社會產生些許關聯。在這樣的生活中實踐禪修，我發現有助於逐漸切換到內觀冥想的狀態。

在持續內觀冥想前方等待我們的，是一顆充滿「自我關愛」的自慈心。

對於雜念，我們往往以為是「一定要消除的東西」，但冥想原本就接受雜念，只是感覺「有雜念浮上來」，不理會它而已。呼吸也是很平常的呼吸，我們只是「觀察」，並不去控制。這就是所謂「**不批評、不判斷價值，只是觀察**」。

換言之，從對一切的執著、拘泥解脫，單純地接受原有的自己。這就養成了一顆「接受自己原來的模樣」與「肯定並疼惜自己原貌」的心。

關於自慈心，我將會在第6章更詳細介紹。

在這裡，大家只要記得自慈心是一切人際關係的基礎就好了。

沒有自慈心，與他人接觸時，會不自覺地產生比較之心，進而自卑，或攻擊，或批評。**如果有自慈心，先肯定了自己，對他人自然會產生體貼設想之心**。

自慈心可以使人變得溫柔。

看見事物的原始樣貌，包括自己的心

當我們能做到不批評、不判斷價值，客觀看待「事物的原貌」，人生就會產生巨大的改變。

例如，「**太聰明反而裹足不前**」的人，會怎麼改變呢？先前說過，通常頭腦越聰明的人，越傾向迴避風險。

「心裡雖然知道做就對了，卻又顧慮可能會失敗。」

「以前也發生過同樣狀況，當時沒有成功。」

當負面思考湧上來，就阻礙了行動。

這種情形大多是因為「習得性無助」的影響。在過去中反覆遭遇「試了好幾次都不順利」、「努力也沒辦法改善狀況」的受挫經驗，人會失去努力的意願，變得沒勁，無法不以負面思考去看待事物，永遠困在過去的失敗中。

對此，美國心理學家馬丁・賽里格曼（Martin Seligman）提出「**正念可以改善習得性無助**」。

他主張專注於「當下」，可以使困在過去的心重獲自由，學會看見事物的「原貌」。

我舉一個例子，讓大家更好理解。

在一個透明的杯子裡，灌入泥水。透過泥水看風景，實在說不上好看。但是，當泥沙逐漸沉澱到杯底，水變得透明清澈，此時就能看清杯子另一邊的景色了。泥沙代表過去的經驗、所知的道理或常識，也就是讓我們的心變得混濁的一切事物。而**將泥水變得清澈的，就是冥想**。

為什麼冥想就能看見事物的「原始面貌」？

我們做一個有趣的實驗，感受看看。將意識放到腳趾，一邊朗讀童謠〈鬱金香〉的歌詞：「開花了，開花了。」一般人朗讀歌詞，腦海中就會浮現鬱金香盛開的畫面，或是這首童謠的旋律。但是，當我們的注意力放在腳趾時，腦海只會出現「鬱金香」這三個字。因為我們的注意力容量消耗在「專注於腳趾」這件事，所以鬱金香的畫面或是歌曲的旋律就不會浮現腦海。

這就是看見事物的「原始面貌」。**冥想消耗了注意力容量，減弱負面思考，行動力也得以恢復。**

再將學會觀察事物「原始面貌」的意識朝向自己的內心，幼年時期的夢想或目標，過去認為「反正做不到」而放棄的生活，也經常會浮現在腦海。其實它們一開始就在那裡，只是混濁的泥水，害我們看不見而已。

聰明人如何回歸「莫迦」

藉著正念找回心靈的「原始面貌」後，心情海闊天空，感覺也變得敏銳，周圍的世界盡是美好的景色。整個人好像把五感全洗滌過一遍，神清氣爽。在正念，我們說這是「**覺知已經養成**」的狀態。

最重要的，行動力改變了。許多實踐正念冥想的人，都發現遇到那些「過去原本覺得很愚蠢的事情，現在變得可以樂在其中了」。為什麼會發生這樣的變化呢？理由很簡單。「誰要做這麼無聊的事？」「反正很無聊……」這些在成長過程中反覆出現的**負面思考，都因為正念而煙消雲散了，讓我們能夠純粹地活在當下、享受眼前的事物**。

禪修時的師兄們告訴我，這就叫「成為莫迦！」。起初我還覺得莫名其妙，

「他在說什麼呀？」幾年過後，我才終於理解到，師兄絕對不是在捉弄人，而是精準地說到重點。每個人應該都是為了更好的人生，所以學習、思考、獲得知識。但學得越多，卻越是裹足不前，這豈不是本末倒置。

然而，這才是冥想的價值所在。冥想是已經獲得智慧的人，為了恢復心靈的「原始面貌」所開發出來的方法。原本就靠著本能生存的動物，不需要冥想。**冥想是獲得智慧的人為了「回歸莫迦」的實踐法**。

不過，為了變回莫迦而過度努力，也是聰明人容易掉落的陷阱。因為得失心過重，反而變得難以專注於「當下」。不愛努力的人、懶洋洋的人做冥想反而會比較容易。

這時候，大家不妨試著「回歸童心」。

孩童時期的生活應該是充滿正念的。回想那段**不管未來和過去，只專注於當下的日子**。順從自己的好奇心，只要有機會抓到東西就爬到高處，掉到地上的東西也想都不想便撿起來放進嘴裡，我們都曾經這樣學會很多事。

這樣的孩子終於有一天長大成人。

隨著年齡增長，對各種體驗的新鮮感越來越淡，這也是沒辦法的事。但正念在這時就能派上用場了。讓我們再一次像孩子一樣，用清澈的眼睛，凝視事物的原始樣貌。不要先入為主地覺得「這很無聊、沒意義」，只是單純專注現在，享受當下。動起來，一定會有新發現。

「這世界，原來有這麼多有趣的事。」

心理學研究發現，**越是「孩子氣」的大人，幸福度越高。**看看帶著孩子的家長，應該就能體會到。與孩子在同一個高度玩耍的家長，比孩子更樂在其中。而做不到的家長，只會抱怨「為什麼一定要陪孩子玩」，他們覺得自己的時間被剝奪，完全感受不到快樂。

這裡我要介紹幾個「懶洋洋冥想」。

禪宗師父修行時所實踐的冥想，多少有一些必須遵守的傳統規定。但我們既是生活在現代，平時要實踐冥想，我認為**比起嚴格遵守規定，「如何可以簡單做**

到」更重要。任何人都可以簡單地利用短暫的時間讓大腦休息片刻，這就是懶洋洋冥想。

一分鐘整理情緒的「手心三溫暖」

大家都喜歡去三溫暖舒緩身心。在蒸氣室或烤箱中，將身體加溫後，再進入冷水池冷卻，讓昏昏沉沉的大腦瞬間神清氣爽。實在非常正念。

如果是沒有時間去三溫暖的人，不妨試試這個練習。

1. 手心拿一個冰塊，緊緊握住。
2. 此時手可能因為冰塊太冰而感覺疼痛，請盡可能忍耐一下。
3. 直到你覺得「再也受不了了」，放下冰塊，把手擦乾然後摀著胸。

4 胸部感覺冰冰的，手心卻感覺暖暖的。

意識專注在手心感受到的溫暖和胸部冰涼的感覺。

這個方法與「從三溫暖烤箱移到冷水池」的原理完全一樣。當意識專注於極端的冷熱，消耗了注意力容量，就可消除大腦的昏沉，這個練習就叫做「手心三溫暖」。當然，如果有時間，我也推薦大家去真正的三溫暖。

放下手機，散步十分鐘

手機可能是正念的天敵。一有點空閒，就拿出手機滑一滑，吃飯聊天也要三不五時看著手機，時而看看網路社群，打打遊戲，大腦根本沒時間休息。

話說回來，手機就是這麼方便，現在連佛寺的師父們都離不開手機了。偶爾出門沒帶手機，就會老惦記著「萬一有重要的訊息或電話怎麼辦」，放心不下。

不過，我還是要勸大家盡量跟手機保持一點距離。給自己設定一些規則，關掉社群媒體和新聞的通知音效，或是「兩個小時看一次簡訊」之類的原則。

而且我也很建議大家撥出一個時段，**放下手機，出去散步十分鐘。**這不是步行冥想，目的不是為了走路，而是刻意空出不使用手機的時間。我（川野）每天晚上會帶寺裡飼養的柴犬太郎出去散步，這個時段剛好就適合遠離手機、放空片刻。

一段時間後，神奇的事情發生了。大腦多出了過去消耗在手機的注意力容量，走著走著發現了許多以前沒注意過的事物。例如，季節的花草、街角新開的飲食店。「咦，這裡竟然有這個！」這就是正念提升覺察力的徵兆。

聚精會神來一口！牛肉蓋飯冥想

吃牛肉蓋飯的時候，大家可能習慣先加一點紅薑和七味粉，然後就開始大快朵頤，對吧？但我建議先等一下，第一口先吃「洋蔥」。

至少十秒鐘，仔細咀嚼洋蔥。平時洋蔥都只是牛肉和白飯的配角，專心品嘗後，你會訝異於竟是如此美味，甚至讓人捨不得吞下去。好好享受醬汁完全入味的洋蔥那軟綿的口感，第二口才是平時習慣的牛肉和白飯。

再怎麼美味的餐點，如果不是專注於「當下」，滋味都只剩一半。一邊吃飯一邊滑手機，其實是吃不出味道的。相反的，每一口都慎重地品嘗，就連配角洋蔥也會變得美味無比。此外，注意力容量全部投入享用「當下」的美味，大腦也就不會再想東想西的了。

有些人工作太忙，吃飯的時候經常沒時間細細品嘗。但我還是建議至少第一口，慢慢地，聚精會神地品嘗料理的滋味。

拉麵也好，咖哩也好，不要拘泥一口，整盤整碗都仔細咀嚼直到吃完是最理想的。以我自己來說，平時用餐前，我都會先合掌誦經，在心裡默禱：「我會認真專心地享用這一餐。」然後才開動。

所以，有時我會在正念的研習講座中發起「葡萄巧克力運動」，讓大家體驗真格的「飲食冥想」。細節如下，提供給大家參考。

1. 拿一顆葡萄巧克力，仔細觀察色澤與形狀，就好像生平第一次看到葡萄巧克力那種好奇的心情。
2. 想像吃在嘴裡的味道。口中會自然地開始分泌唾液。
3. 終於要將葡萄巧克力放進嘴裡了，但不要馬上咀嚼。先在舌尖上翻滾一下，感受巧克力在口中漸漸融化，然後接觸到包在中心的葡萄乾。直到巧克力都融化了，才開始慢慢咀嚼。
4. 慢慢地多嚼幾次，然後吞下，感覺葡萄乾通過喉嚨、食道，最後進入胃袋。

所謂聚精會神的一口，就是這樣。你會重新發現葡萄巧克力的美味：「原來是這樣的味道啊。」

連結身體與大地：接地冥想

接地冥想（Grounding）就是簡易版「身體掃描」。

我們先複習一下，身體掃描是從平躺狀態開始，從頭部、頸部、肩膀、後背、腰部、腹部，逐一感受身體部位的觀察冥想。而接地冥想則是將意識集中到身體接觸地面的單一部位。

例如，專注在臀部接觸椅子的感覺，去感受椅面的軟硬度、身體的重量等。或是將意識集中在腳底踩在地面的感覺，一定要脫下鞋子，赤腳感受。曾經有報告指出，赤腳踩在地上，竟然能**消解憂鬱、抑制慢性疼痛、減輕循環系統的病症**。

無論是否能實際治療疾病，光腳直接與大地連結的感覺是非常新鮮的。從十秒、二十秒，試著感受地面凹凸對腳底的刺激。我們每天穿著鞋子走路，腳底板多多少少會變得比較鈍感，時常光腳接觸凹凸不平的地面，腳底感受的敏銳度就會慢慢找回來了。

有點疼痛，又有些舒服。

重心放在腳的大拇指或小拇指，對體重的負擔感會不會不一樣？

小石子多的地方，土壤多的地方，腳底的觸感有什麼不同？

用腳底感受「當下」。

觀察單調重複的動作：掃地機器人冥想

這個冥想是與朋友聊天時得到的靈感。有一天朋友說：「川野先生，我失戀了。」我便陪著他，聽他傾訴失戀的心情，

「那天，我就盯著掃地機器人打掃房間，盯了一整天。」

他說這樣做之後，心情稍微恢復一點了。我心想，這是非常好的懶洋洋冥想啊。掃地機器人不僅打掃了房間裡的灰塵，也連帶吸走了沉澱在心裡的悲傷。我們可以這樣看待啊。

不僅掃地機器人，家裡許多生活家電的共通點，都是「**單調地反覆進行同一個動作**」。看著這些家電運轉，逐漸進入冥想狀態，這完全是可以成立的。

實際上，曾經有好幾位媽媽分享過類似經驗，「我家的孩子，只要有心事就會盯著電風扇或天花板的吊扇轉動，這一看就是幾十分鐘。」**想要透過懶洋洋冥想消除心中雜念和煩亂的思緒，平常在我們身邊運作的家電或機械就是很有幫助的工具。**

交通卡冥想

利用Suica或PASMO等交通系統的ＩＣ卡時，都要在自動剪票機觸碰感應一下。有時候趕著上班、上學，可能會粗暴地「啪！」就直接過去了，我們平常可能很少有機會留意這些小動作。

這正是冥想的好機會。因為**「刻意專注於平凡無奇的動作」就是冥想的基本。**

下次把自動剪票機想成是容易碰壞的東西，溫柔地觸碰一下就好。仔細感受這一瞬間的動作，專注在指尖和手掌傳來的觸感，心情會跟著平穩許多。

溫柔小心對待物品，是佛教的基本。粗魯對待物品的人，對自己一定也很粗魯，這就與正念背道而馳。觸摸、拿取、傳遞、接受等，每一個動作都小心謹慎，慢慢接近正念的狀態。

人的手掌有大量的感覺神經，有極為敏銳的知覺。傳統佛教中，也利用了手掌覺知的特點開發各種冥想。例如在泰國出家的日籍僧侶Phra Yuki Naradevo就把「動中禪」這種提升覺知的冥想稍加改良，以規律的手部動作為核心手法，發展出簡易版的「手動冥想」，並積極推廣給大眾。這種冥想是透過手部上下擺動、手掌時而在大腿上、時而在腹部，仔細感受手部「當下」的動作及手掌心的知覺。

如此說來，「交通卡冥想」也算是動中禪的一種變化形式。其他像是撫摸軟呼呼的貓毛、刺刺的鬃刷、粗粗的紙張（有各種不同的質感）等，仔細觸摸感受身邊的物品，都是專注手掌觸感的機會。

拿刀叉吃香蕉

前面說過「平凡無奇的日常動作，只要用心體會，就會接近正念狀態」。所謂的「用心體會」，具體是怎樣的呢？

思考方向有很多，不過**最簡單的應該是「付出時間」**。

例如，想像你是一隻烏龜，每個動作都非常非常緩慢。意識延伸到手指或腳趾前端，感受身體「當下」的動作。

又或者，平時都是拿筷子吃飯，偶爾也可以用刀叉。

舉例來說，平時吃香蕉都是剝了皮直接咬大一口，還來不及用心品嘗，一眨眼就吃光了。如果用刀叉吃，就沒辦法吃那麼快了。

「該怎麼剝皮？」

「要切多小塊比較容易送進嘴巴？」

一邊考慮一邊吃，**任誰都得慢下來細細品嘗**。其實，在我小學的時候，學校就有規定不准小朋友直接啃香蕉，一定要用刀叉。現在回想起來，自己竟然不知不覺地實踐了正念的飲食法，真是有趣。

遠離人聲，傾聽環境音

平時在月台或公車站候車時，就可以利用這個短暫空檔。在街上眾多嘈雜的噪音中，選一個特定的聲音，豎起耳朵專心聽。例如行人「噠、噠、噠」的腳步聲，「啾啾啾」的鳥叫聲，「嘩嘩嘩」的下雨聲，任何聲音都可以。

關注「當下」，這也是正念的基本練習。

有時候，工作的空檔可以休息片刻，如果拿出手機來打發時間，未免太可惜了。這一點空檔正好可以用來讓忙碌的大腦和心靈休息一下。我總是推薦前來診所就診的患者利用這個方法調整心靈，尤其是搭乘公共交通工具時容易感覺不適的恐

慌症患者。

這個冥想只有一個重點，就是**不要聽人的說話聲。**因為大腦會忍不住去解釋聽到的說話內容，讓你無法專注於「當下」。

禪宗教我們「不立文字」，意思是「對禪法的領悟，並非藉由語言或文字，修行是以心傳心」。這個練習也是為了遠離語言，我們要傾聽的不是帶有文字的「人聲」，而是純粹的「環境音」。

將一切「減半」

當我們下定決心，把一切物品、飲食、購物、資訊、工作，都減去一半，大腦就會出奇地清醒了。

「把電腦的桌面或書桌上的文件收拾一半。」

「平時吃三百公克的燒肉，減成一百五十公克，感覺更有滋味。」

「一個星期八小時的加班，減成四小時。」

「滑手機的時間，從每天四小時變成兩小時。」

以此類推。

現代人的一切都「太多了」。工作太多累壞身體，吃太多發胖，沒必要的東西買太多，整天滑手機，這一切的一切都「太多了」。

腦科學稱這種狀態等於是無止盡地消耗注意力容量，長期下來，大腦已經累壞了。就像是燒光汽油的引擎，沒有餘力再啟動動能。

要啟動動能＝點燃幹勁，就必須先解決「凡事做太多」的問題。話雖如此，對於我們這些現代人而言，「凡事做太多」已經是常態，只是隨便減一兩件，提醒自己注意一下，這種程度是不能期待有什麼效果的。要做就必須大刀闊斧「減掉一半」才有用。

「一半」看起來好像很隨意，卻是一個清楚的目標。不用煩惱「減多少比較好」，只要記得「減半」就好，相當簡單好懂，馬上就能付諸實行。

在我（川野）的著作《減掉一半》（半分、減らす）中，介紹了許多在日常生活中分量減半的實踐方法，歡迎大家與本書搭配閱讀。

「微爆流呼吸法」讓專注力更提升

想像你正處於大考前的緊張時刻，「**必須瞬間消除大腦的煩悶，短時間內調整好心理狀態**」，通常這種時候，隨時隨地都能實踐的呼吸冥想可以馬上見效，順利安撫不安。但有時你也很可能因為太過緊張，根本無法專注呼吸。

這時候就可以拿出備案，另一種更簡單的呼吸法，大家不妨先學起來。

閉上眼睛，用鼻子慢慢吸氣五秒，閉氣五秒，再從嘴巴慢慢吐氣十秒。只要用二十秒的呼吸練習，就能瞬間調整慌亂的心。

當我們閉氣時，刺激交感神經活動，會讓血壓上升、心跳加速，使得我們的身體傾向緊張狀態。接著，當你開始呼氣時，反過來刺激副交感神經，身體便會放鬆下來。放鬆效果來自副交感神經的活化，為了達到更好的放鬆效果，所以吐氣要比吸氣多花兩倍時間。

以腦科學來解釋，這是「**先刺激交感神經，再活化副交感神經**」的練習。從緊張到放鬆的狀態落差，會啟動自律神經作用，瞬間進入深層的放鬆。這種呼吸法的效果，類似從三溫暖烤箱進入冷水池後心情會變得平靜的作用。冥想時，也可以先輕輕活動身體，給予刺激之後再進行，就能進入更深層的冥想。

用「心靈相機」紀錄生活

假設眼前有一片美麗的景色或是一件藝術作品，不管旁邊還有其他什麼東西，我們都只會專心欣賞眼中的景物。

例如去參觀日本庭園。日本庭園大多是中心有一個池塘，周圍布置庭石或植栽，在庭園中漫步欣賞景物的配置，推敲作者的設計理念，就是欣賞庭園的樂趣所在。靜下來，還能隱約聽見水琴窟的聲音，或是小河的流水聲。

這些都是手機畫面看不到，也聽不到的。**這一刻提升了我們的覺知，找回對新奇事物的感性**。

然而，如今看到美麗的景色，我們卻不急著眺望欣賞，反而習慣先拿出手機來拍照攝影。應該欣賞的景物就在眼前，我們關心的卻是趕緊上傳到網路社群，給親朋好友按讚。試問，這樣要如何正念？

我們當然可以拍照，但是拍完之後，希望大家能夠用全身的覺知去感受，並用「心靈相機」保存下來。

我去美術館也會做相同的事。先不讀解說，只專心欣賞作品。想像自己身在畫作的風景中，會有什麼感覺，會有怎樣的心情。先不管「解說寫了什麼」，才能純粹欣賞作品。

從思考・情緒・身體三方面觀察：三階段分析法

本書介紹的正念練習分為「在日常生活中培養習慣」與「很累、很辛苦的時候可以實踐」兩種，這個練習屬於後者。

假設你現在「**有個必須打電話聯絡的工作，卻完全不想打**」，這時可以分別從思考、情緒、身體的感覺三方面來觀察自己的內心。

1. 思考的觀察。將內心感到壓力的原因寫出來。例如：「上次打電話，對方態度很差，一直忘不了。」
2. 情緒的觀察。用一句話表達現在的情緒，像是「很害怕」、「很不安」等。
3. 身體感覺的觀察。意識掃描全身，從頭到腳。感到「呼吸困難」、「出手汗」、「心跳加速」等。
4. 最後長長吐氣，想像將這些情緒或感覺釋放出來後，重設自我狀態。

像這樣，從思考、情緒、身體三個層面，分別觀察自身發生的負面反應（你可以自行調整觀察順序）。如果能夠客觀觀察自己，心裡那些阻礙行動的負面反應就會減輕許多。雖然不是一掃而空，但光是意識到「我現在是這樣的感覺、那樣的想法」，就能確實緩和負面反應。心情輕鬆了，也就能面對現實去解決任務了，「唉，只好打電話了。」

第3章總結

- 比起以前的人，現代人大腦必須處理的資訊量增加了數十倍。
- 疲勞的大腦，動能效果也會減半。正念是為了「保持行動力」的第一步。
- 「反覆做單調的動作」，冥想效果比較大。
- 藉著冥想專注於「當下」，耗盡注意力容量，就可以擺脫雜念，果斷付諸行動。
- 提升正念程度，就能減少拖延的壞習慣。
- 正念可以改善「習得性無助」。
- 「回歸童心」，你將會重新發現這個世界有趣的地方。

第4章

超行動派的第二步：鼓舞你的心

瞬間鼓舞心靈的「點火動能」

做過前面幾章的練習，心裡不再煩悶，頭腦也應該清爽多了。如此一來，就做好啟動動能的準備了。

本章要介紹第一種動能：「**點火動能**」。

我們再複習一次。動能就像是手槍的板機，激發我們的動力與幹勁。雖然效果很強烈，但只有一瞬間，我們稱之為「點火動能」。

另一方面，好不容易「打起精神來了」，這還不夠，我們還需要保持氣勢「採取行動」，這就屬於「燃燒動能」的範疇。關於燃燒動能，本章中會有簡單的相關介紹，不過詳細內容主要在第5章。

點火動能主要在刺激人的五感，以提高向前的氣勢。這些感覺有時也稱作「原生情緒」（primary emotion）。**喚起動物本能的動能就是點火動能**。

第124頁起將介紹瞬間鼓舞心靈的點火動能練習。

每個人的「優位感覺」都不一樣，訓練方法也不同

這個練習的效果或許因人而異。

每個人心裡容易產生反應的感覺不一樣，稱為「**優位感覺**」。我們都是透過五感來獲得資訊，所以要依據容易反應的感覺，選擇有效的動能練習。

五感所帶來的感覺刺激，連動影響著人的情緒。例如顏色或形狀、大小等視覺刺激，音樂的律動或拍子等聽覺刺激，還有藉由飲食獲得滿足的味覺、從運動獲得的體感刺激，這些感覺都會鼓勵我們的心靈去行動。

此外，這些感覺刺激疊加得越多，對心靈的鼓舞力量就越強。例如舞台劇或電影，結合了視覺刺激與聽覺刺激，所以引人入勝。而美味的料理包含了視覺、味覺、嗅覺，有時甚至伴隨了聽覺的刺激。

優位感覺有三大類：**視覺優位**、**聽覺優位**、**身體感覺優位**。

例如與他人相處時，視覺優位的人會看對方的外貌和行為，聽覺優位的人則

關注對方談話的內容。

大家應該會注意到，本書介紹的練習內容豐富多元，每個練習至少會強調五感的其中一項，包含聆聽聲音、活動身體、用手觸摸、眺望景色等，我們重視每一種感覺。有些練習對你很有效，但可能對其他人就沒用，或者也可能反過來。

一樣是登山，有人感動於山頂眺望的壯麗風景，有人留心在平地不曾聽過的鳥叫聲、享受穿過山間的冷風，也有人只要能活動活動久坐遲鈍的身體就感覺很舒暢無比。**每個人都有適合自己的感覺刺激**。

即使做了沒什麼感覺的練習，也不要氣餒失望，再換一個就好。總會有一、兩項適合你的。

用「紅色領帶」提振士氣

鮮豔的原色系有驅使人行動的作用，對於視覺優位的人效果更顯著。

在「今天要打起精神來」的日子，繫上平時不常穿戴的紅色領帶、黃色襯衫，就是強調視覺刺激。

另外，**關於刺激的強度，新奇難得的事物絕對比平時習慣的事物更具力量。**

例如，難得一見的絕佳美景絕對勝過欣賞多次的近郊風景，視覺衝擊強烈的印象派畫作、當代藝術等，都是相同的道理。

音樂是鼓舞心情的超強催化劑

音樂是提升動能的特效藥。

世界盃橄欖球賽的賽場上，紐西蘭隊都會在比賽前跳一段「哈卡舞」，大家有沒有看過？哈卡舞是毛利人傳統的舞蹈，透過用力拍手、頓足，向比賽的對手展示自己的力量，同時振奮自己的氣勢。

雖然我們不是運動員，但聽到某些音樂旋律，身體也會自然地跟著舞動起來。這種氛圍效果，應該在日常生活中多多營造。爵士樂的四拍子、重搖滾的八拍子等強調重低音的音樂，祕魯的木箱鼓、古巴的康加鼓、印尼的加美蘭、日本的和太鼓，以這些打擊樂器為主的音樂都特別有即時喚醒身體律動的效果。

民族樂器的演奏者一般會穿著「特別鮮豔」的民族服飾，應該也是**為了聽覺加視覺兩種刺激組合的相乘效果**。

再補充一點，「笑」可以刺激多巴胺分泌，只要能笑，任何方法都可以。重點是，平時就要做好準備，需要提升動能時，馬上拿出可以令人哈哈大笑的素材。例如，喜劇演員贏得搞笑大賽時的經典段子，每次看完都笑到不行，將那段影片保存在手機裡，需要提振氣勢的時候就隨時拿出來笑一笑。

以「聽音樂」作為點火動能，尤其是聽「喜歡的歌手或歌曲」，效果甚至超越感覺優位性，是非常有用的方法。耳熟能詳的旋律或副歌對點燃動能有很強的效力。

透過節奏和旋律刺激我們的感官，啟動點火動能，如果同時有「歌詞」作為能量，特別是「積極向上的歌詞」，還可以進一步啟動燃燒動能。「饒舌歌」是一種歌詞重於旋律的音樂型態，在日本大約花了三十年，才得以占據人氣音樂類型的一角，這也證明了時代已逐漸變成追求動能的世界觀。

燃燒動能的持續性最重要關鍵是「思想」，也就是思考的世界。思想是什麼呢？簡單說，就是「**自我認同**」，所謂「我思，故我在」正是「做自己」或「自我存在」的表現。

人的動機來自於「（自我）意義」的存在與表現。我們想要將這個意義具象呈現，賦予這個意義一個「目的」，然後付諸行動。這個意義代表的就是自我認同。明確表現自己的主體意識，並為社會所認同、接納，即是人的動機。**當自己被他人接納、正當化並認同時，便由此感受到能量，並藉著這個能量發起行動**。

以這個前提來看看「歌詞」。那些受大眾歡迎或是鼓勵人心的歌曲，歌詞的特徵通常有以下幾點：

① 反映自身經歷或遭遇的歌詞，或像是在安慰自己的歌詞，往往最能打動人心。換句話說，當歌詞剛好說中了「自己的心事」，或唱出了自己曾經走過的種種，就特別容易引起共鳴。

② 肯定自己做了正確選擇，或支持自身想法與行動的歌詞。在感到不安或沮喪時，那些給予人們勇氣面對逆境的歌詞，總能深深觸動內心，唱進心坎裡。

③ 感覺自己被完全肯定的歌詞，以及鼓勵自己勇敢踏出一步的歌詞。

④ 既能引起共鳴，同時帶有超然的世界觀，讓人得以客觀看待自己的歌詞也同樣重要。聽著聽著，會令人不自覺微笑，或沉浸其中、產生情感共鳴的歌詞，往往容易激發人們振作的心情。

換句話說，這些歌詞的共通點是「**讓聽眾覺得自己就是主角，訴說的正是自己的故事**」。現在的社會，人們經常在與他人做比較，想事情時也不自覺會以他人為主軸，「別人會怎麼想？」、「我會如何被看待？」，被迫要為他人著想，一舉一動都受外在標準和眼光所支配，因此大家好像逐漸迷失了自我。原本應該向外散發的活力能量，反而不斷被內耗。在這樣的社會氣氛下，街上滿是「想要振作卻能量耗盡」的人，這就是現況。

燃燒動能的能量來源是「思想」，而支撐思想的關鍵在於「做自己」，也就是「以自己為主軸的生活才是根本」。當我們試圖找回這份平衡，讓一切回歸正軌，為自己加油、振奮氣勢的，正是「歌詞」所帶來的力量。

配合歌詞刺激感官的拍子或節奏，是點火動能的最佳燃料，兩種動能相輔相成，就能發揮最大的力量。

如果還有舞蹈動作搭配樂曲，藉著舞蹈活動身體，大腦將會更加活化，隨著心情提振的氣勢也會加倍強大。

看影片也具有相同的效果，而且影片在視覺上給予更豐富且直接的資訊量，活化燃燒動能的刺激效果幾乎是即時性的。不過，**影片與音樂不同，由於資訊量太多，思考反而會變得被動**，有時候甚至會阻礙自發性的想像力或創造力活化，所以享受音樂或觀賞影片一定要選擇適當的時間地點和場合。

順帶一提，其實所有的燃燒動能方法都有一個共通點，就是與「自我暗示」有相同作用。而點火動能技巧則有不少隱藏著催眠作用。如此看來，活化動能的方法與催眠療法其實很相近。

動漫音樂最能讓人熱血沸騰

聽節奏強烈的音樂作為點火動能，效果很好。因為強烈的節奏或拍子與心跳連動，就像我們運動完，精神會很興奮一樣。

古典音樂也有這類樂曲，不過能夠最直接發揮效果的，要屬舞曲、融合爵士樂、重搖滾，或重金屬等搖滾音樂。九〇年代日本興起歐陸節奏的舞曲音樂，大家應該還記得當時小室哲哉的樂曲大受歡迎。而以朱麗安娜東京為代表的迪斯可舞廳之所以掀起熱潮，或許也是為了打破泡沫經濟後的沉滯氣氛，社會大眾急需動能的心理作用。

最近許多有名的歌手參與動漫主題曲，尤其是「異世界」或「黑暗奇幻」類型的動漫更為常見。相信大家對《鬼滅之刃》主題曲應該不陌生，Aimer演唱的《殘響散歌》曾登上紅白歌唱大賽舞台，這首歌節奏強烈十足，**歌詞更是燃燒動能、激發氣勢的最佳素材**。

聽音樂就能啟動動能，但若是能實際跟唱、偶爾到KTV「大展歌喉」就更好了。像我（恩田）就是高歌《無敵鐵金剛》主題曲的世代。

很幸運地，現代智慧手機的普及，讓我們走到哪裡隨時都能聽音樂。大家不妨以「每次聽這首歌，就能振作起來」為主題，在手機裡存下專屬自己的動能歌單，在需要的時候就能立刻給自己打氣。

「痛覺」和「熱感」也會提高衝勁

觀看大相撲時，總會看到備賽的力士用力拍打臉頰或腹部，其實這就是利用了「痛覺」刺激多巴胺分泌。

「熱」是另一種有效的刺激。早上起床，你會想喝冰咖啡還是熱咖啡？用餐時，如果是「今天要好好振作」的時候，選熱騰騰、有爽辣感，或帶有酸味的食物比較好吧。當然，也有人會吃特定的食物，「有重要的工作時，我都會吃小時候媽媽常做的〇〇。」

痛和熱都是觸覺刺激，對身體感覺優位的人來說，這些刺激有強力啟動動能的作用。特別是觸覺刺激會直接影響交感神經，使人更容易興奮。

沒精神的時候就吃辣咖哩吧

「疼痛」是大家都討厭的。但是，有些輕微疼痛反而能使人振奮。運動員上場前會用力拍臉頰或背部，就是為了達到這種效果。前摔角選手，也曾經擔任參議員的安東尼奧豬木，常以搧巴掌為粉絲打氣，「鬥魂注入巴掌」就是他的代名詞。

疼痛是皮膚的感覺。同樣地，味覺也是來自皮膚的感知，因此某些味覺也會有啟動動能的作用。

味覺有甜、苦、辣、酸、鹹這五味。在日本，也有人加入了「鮮味」，變成六味。其中，**「辣味」在神經學的歸類與「痛」和「熱／冰」是相同的反應**。因此，吃熱呼呼或冰涼的飲料食物，以及帶有爽辣風味的東西，都能使人打起精神。

也就是說，如果想要提升動能，我們可以喝一杯熱茶、來口熱湯、吃一碗拉麵，或是挑戰極辣咖哩。此外，冰水和碳酸飲料也很有效。

這種現象也會發生在與味覺相連的「嗅覺」。阿摩尼亞的刺激性臭味經常被用來「嗆醒」昏倒的人，因為它與辣味一樣有喚醒意識的作用。

早上起床先用力揮動手臂

據說美國的商業精英都是起床後馬上健身。練出一身汗後，沖個澡再出門上班去，這樣就可以**在高動能的良好狀態下開始一天的行程**。

每個人多少有一些不想早起的理由，例如宿醉嚴重、想多睡五分鐘，理由百百種因人而異，但利用早晨的運動來提高動能是很有效的方法。我們在睡眠時，體內的副交感神經比較活躍，藉由早晨的運動切換到交感神經，便能喚醒身心活力。

大家可能覺得對平常就「提不起勁、不想動」的人來說，建議早晨健身似乎有點不切實際。但**早晨正是多巴胺大量分泌，專注力最好的時候**，這麼豐沛的多巴胺不抓緊時機「轉移」到工作或運動上，實在是很可惜。因此，如果能在上班前讀一點書、處理一些工作之類的「早晨活動」是再好不過的了。從動能的觀點來看，起床後的幾個小時可說是「黃金時間」。

做一點輕度運動也很有效。在禪修中，我們會步行到汗流浹背，不過一般人不用太過勉強，不需要做到這種高強度，散步程度

的運動就足夠了。例如，聽著節拍器步頻一百至一百二十步頻左右的音樂健走，手臂擺動和步伐可以比平常大一些。在公司可以選擇不搭電梯，爬樓梯時隔一階走上去。

若是不方便外出運動，在室內大幅揮動手臂也很不錯。這些運動都能幫助我們從早晨開始就精神抖擻、活力十足。

計時十分鐘的打掃

幹勁不能持久的人，打掃也多半會拖拖拉拉。有些人房間亂七八糟，如果請他稍加整理一下，甚至會苦惱：「不知道從哪裡開始才好……」

「今天要大掃除！」一開始相當有決心，但是很快就想著：「看起來一天內是做不完的……」馬上就想打退堂鼓，「不如下次再做吧。」結果一事無成。這時候不妨限定打掃的範圍，像是「只要收拾桌子就好」、「先整理手邊的東西」。**總之就是先動手，一旦多巴胺開始分泌，心情也會積極起來。**設定計時器也是有效的方法，例如面對最不喜歡的廁所清潔，決定「只花十分鐘」就好，但這十分鐘要全力以赴、精神高度集中。十分鐘的限制會使我們更專心，一旦開始，多巴胺就會開始作用，五分鐘、十分鐘都不覺得累。

「把房間打掃乾淨」不一定要當成目的，例如以「每天十分鐘」作為日常規律，利用這十分鐘的打掃，提升動能，就此展開「行動派」的一天。

說到促進多巴胺分泌，一定得提到「電玩」。「好開心！」「停不下來！」我們打電玩時的興奮狀態，都是因為多巴胺分泌的關係。過關、升級、獲得稀有寶物的成就感和幸福感，實在令人欲罷不能。

換句話說，**剛打完電玩時，動能處於非常高的狀態**。若能趁勢利用這股動力，投入工作或家事等原本的應辦事項，就能夠「馬上動起來」。尤其是射擊遊戲或角色扮演遊戲、冒險遊戲，特別有助於多巴胺的分泌。現代人手一支手機，手遊隨時想玩就玩，毫無時間與空間限制，有些人還因為過度沉迷遊戲，甚至影響了生活，被診斷出「網路遊戲成癮」。為避免這種情形發生，打遊戲時最好設定計時器，適時提醒自己控制時間。

名人案例：動能是日常習慣養成的

我要再次強調，請大家一定要相信，每個人都可以變成「行動派」。

動能不是與生俱來，而是日常習慣養成的。尤其是燃燒動能。燃燒動能的鼓舞作用是因為我們的思想帶動情緒而產生，這種情緒稱為次級情緒（secondary emotion）或複合情緒（complex emotion），而動能是與思想的意義或目的結合的氣勢。有自我意識且能獨立思考的人，更常比一般人具備強大的內在動力推動他們向前，正是源自長期培養的習慣所形成的意識基礎。

「總是精神奕奕，不用特別做什麼事就充滿動能」的人，其實**他們有自己一套日常就在提升動能的生活規律**。運動員在比賽時高喊「加油！」「專注！」，也是日常規律的一種。這是他們對自己心靈點火的「精神喊話」。

我（川野）要分享某位知名運動員M先生的故事。

我曾經與M先生一起上過幾次媒體，隔年還收到他寄來的賀年卡。卡片上有氣勢十足的字跡，是他親筆寫的「Go！Go！川野先生Go！」，視覺效果相當強烈，一看就令人感覺動能高漲。收到卡片後，我也不禁受到他的熱情感染，整個人心情跟著振奮起來，「好！我今年也要努力！」

M先生本人總是展現出志氣高昂的模樣，自帶一股「氣勢」，但是與他暢談之後，他才向我透露：「其實啊，我以前在很多事情上都是負面思考。」當時我非常驚訝。不過，仔細想想，每次與他相處，這個人謙虛誠懇的態度的確讓我感覺他絕不是只有「氣勢」而已。是的，M先生的動能，是靠著努力而來的。

現役時代的M先生總是全力以赴，努力不懈，活躍於世界各地。據說他從年輕時期就學習禪坐，一直保持每天在家正念冥想的習慣。不僅如此，他也很努力讓自己做到「提高動能」。M先生非常勤勉，時常從許多書籍中擷取激勵人心的名言，並在日常生活中積極利用這些振奮的話語鼓勵自己。最後，他以「溫布頓網球公開賽前八強」的輝煌成績退役，創下日本男子選手睽違六十二年的佳績。

如今，他仍致力於培訓年輕選手，持續傳遞正向熱血的積極精神。

大家應該都猜到了吧，M先生就是知名網球選手，松岡修造。

電視上的松岡先生總是神采奕奕，大家都以為他好像生來就是這麼正面積極。其實，這是松岡先生**為了追求「勝利」這個明確的目標，不斷努力而來的成果**。他雖然也曾有負面思考，但藉著動能的實踐，他學會自我鼓勵，一步步鍛鍊心志，塑造出如今的自我。現在的他，則為了「鼓勵更多人」而全力以赴。訴說著這個願景的松岡先生，燦爛的笑容格外耀眼。

從松岡先生身上，我深深體會到「動能是拜日常習慣所賜」的道理。

做不到大改變，小改變也很好

有行動，就會有變化。然而，即便變化之後會迎來美好的人生，**我們還是對變化感到不安**。

真的能做到嗎？確定可以得到預期的結果嗎？不會失去現在擁有的一切嗎？

變化越大，伴隨的不安和恐懼就越大。我們之所以連要不要踏出這小小的「第一步」都會猶豫不決，就是這個原因。大腦雖然理解「改變比較好」，但是心裡又害怕改變，拒絕行動。

不過，如果沒辦法踏出第一步，只要動動手，或是改變呼吸就好，這就是動能的思維。拒絕大幅度改變現狀的「大改變」，那就做一些不會出現抗拒反應，稍微改變現狀的「小改變」。

無法果斷採取行動的時候，那就「**把行動切得更細**」。

大家先記住，這是動能的基本。

無論多麼小的行為，只要付諸行動，都會啟動動能、提升幹勁。

不是「想做才去做」而是「做了才想做」。這個道理，光是坐著不動，是怎麼樣也想不通的。總之要先有行動。所以師父教我，「不要想東想西，變成莫迦就對了！」

我（川野）很清楚這有多難，因為修行時師父總是特別斥責我。我記得眾多弟子中，師父唯獨對我說：「你要變成莫迦！」他想表達的應該是「你是醫生，不要以為自己見過大風大浪了，要更傻一點」。

我知道師父想提醒我的是，凡事不要考慮太多。我在修行時，總是求好心切，顧慮太多。例如我不太會做菜，所以常常研讀食譜，要煮多久，加多少鹽，忙著思考其中的細節。這樣是不對的。只顧著擔心未來的事，絲毫沒有專注於「當下」。

後來我總算學會「傻傻地做」，也終於明白其中的意義了。煮好的菜如果太鹹，自然就會學到「應該少加一點鹽」，下次改過就好了。**未來還沒發生，就戒慎小心，只會減少行動的機會，也會停止學習**。

不要因為想太多而裹足不前，所以要變成傻瓜。這是我親身的體驗。

覺知提高，生活會充滿驚喜

我還希望大家留意一件事。

本章所介紹的動能練習，若你實踐後覺得：「哦！多巴胺分泌的感覺真有趣，我做到了。」要知道這並不是終點，不該只停在這個階段。希望大家可以靜下心來，感受付諸行動之後，自己身上有什麼樣的變化。透過正念找回覺知的你，應該可以察覺到。

覺知的能力提高，你越可以從一件事情中學到更多、發現更多有趣的地方。只要我們相信無論結果如何，一定能從中有所收穫，就不會害怕失敗，願意「先試試看」。

覺知也是「鼓舞氣勢」的來源，更是啟動燃燒動能的原料。

令人遺憾的是，現代人的感覺「很遲鈍」。許多人被這樣指責還是不明所以，不就證明了他們真的是五感遲鈍嗎？例如街上到處都是廣告和噪音，我們卻不覺得很吵。又像是味覺，辛辣的東西吃久了，對辣度逐漸麻木。

這種現象稱為**「感覺減退」**。持續接受強烈的刺激，我們的感覺就會變得完全遲鈍。上座部佛教的師父就曾經警惕我們，現代人已經有刺激成癮的現象了。

人們好像對刺激上癮似的，無止盡地追求更強烈的刺激。但話說回來，一次把所有刺激阻斷並不算是好方法。就像一直習慣吃重口味的人，無法感受清淡高湯的滋味，又或者總是用大音量聽音樂的人，聽不到微風吹拂的聲音，**突然切斷刺激，可能只會落得什麼都感覺不到的空虛**。

這時候正念就派上用場了。

用餐的時候，夾菜前第一口先吃白飯，細細品嘗白飯的滋味。例如吃燒肉套餐時，我們通常一定想要馬上大口吃肉，但是請忍住，先吃一口白飯。就算你覺得「沒味道啊」，還是繼續專注。感受咀嚼時在口中逐漸擴散的米飯甜味，以及米飯富有黏彈性的口感，確定「原來白飯是這樣的味道」，再吞下去。

同樣的，聽音樂時，試著專心聽特定一種樂器的聲音。

到美術館欣賞繪畫作品，不要看解說，先仔細觀察作品。這麼做是因為，如果先看了解說，就會被「專家的見解」所影響。

用心欣賞畫作，找出你覺得「不錯」的地方，

「這兩種顏色的組合好新鮮。」

「這個顏色讓我想起來小時候最愛的玩偶，好懷念。」

具體是什麼地方「不錯」，將自己感受到的詳細說出來。

簡單來說，就是要專注去感受，認真去觀看、聆聽、品嘗、觸摸、嗅聞。如此便能**找回如孩童時期一般對凡事都感到好奇新鮮的五感**。

在我所開設的正念教室，學員們就對此分享了各種體驗心得。其中最具代表性的是，「坐禪讓我開始關注許多事。」有人覺得「自己的心跳聲蹦蹦蹦的，很吵」，也有人連隔壁同學的呼吸聲或是外面汽車的引擎聲都聽到了。過去遲鈍的感覺，藉著正念再度打開，外界的各種刺激一下子都接收到了。

覺知，是動力的來源

覺知是動力的來源，也是**持續鼓舞心靈、激發動能的關鍵導火線**。從心理學的角度，這是「**因覺知學習到的各種收穫，會變成對自身行動的反饋，產生獎勵報酬的效果**」。

不知道大家有沒有在遊樂場玩過「打鱷魚」的遊戲機台，就是用槌子敲打隨機伸出頭來的小鱷魚，非常簡單的遊戲，我小時候很愛玩。

這麼單純的遊戲，我們之所以能專心一意地玩，是因為確實有報酬回饋。每當槌子打中小鱷魚的時候，小鱷魚就會發出「吱——」的慘叫聲，然後縮回去，這時候我們的爽快感就是報酬。如果鱷魚沒有反應，這遊戲就一點也不好玩了。

如果**五感遲鈍，就很難像這樣正確接收到報酬**。例如，受到別人的誇獎，不懂得感謝。努力的成果受到肯定，自己卻覺得「被過譽」而高興不起來。這樣的人是很難維持動力的，他們的心裡始終有一層陰影。

正念可以幫助我們找回敏銳的感覺，恢復接收回饋的功能運作。即使是「打鱷魚」這類單調的動作，只要能獲得報酬，就能保持專注、繼續進行下去。

正確接收回饋，啟動燃燒動能，提升動力與幹勁，工作表現就會更入佳境。最好的狀態是「心流」。**所謂心流，就是專注到幾乎「忘記時間」的狀態**。最能深刻感受、擁有豐富心流體驗的人，正是一流的運動員。「球好像靜止一樣」、

「〇・一秒好像永恆」，這就是心流的感覺，體育界也有人稱之為「ZONE」。

雖然我們不可能無時無刻都保持心流狀態，但**透過日常的正念訓練，可以更容易進入心流**。舉例來說，前世界排名第一的網球選手諾瓦克・喬科維奇（Novak Djokovic），在平常的訓練就融入了正念練習。

有了覺知，就能隨時回到「初心」

報酬的存在，對於燃燒動能的強度影響非常大。即使是枯燥無味的雜務，也不例外。

日常生活中充滿各種無法命名的雜務。例如，製作根本沒有人會認真閱讀、或是看完就丟的資料，這個工作實在讓人感到空虛，「到底是為了什麼……」大家做這種毫無意義的雜務時難免都會這麼想，又怎麼可能會有動力呢。

能改變這種狀況的，就是回饋。

佛寺裡事務繁多，其中也有非常需要耐心的工作。例如，寫御朱印。在我（川野）擔任住持的小佛寺，如果有信眾要求御朱印，我們會當場書寫，或者預先寫好一些以備住持不在時所需。不過，在大本山等級的大寺院，每天都有數以百計的信眾來求御朱印，需要好幾位職員全天候應付。以前曾經有一位朋友A先生就是擔任這個工作，結果一整年下來，身心俱疲，累得沒辦法上班。那時，我建議A先生嘗試每天正念冥想。休養幾個月後，他又可以回來上班了。那麼，正念是如何改變A先生的呢？

A先生寫御朱印的速度和以前一樣，但現在他書寫的時候，不再想東想西，或是邊寫邊看電視，只是一筆一畫專心一意地寫。**每一張御朱印，他都能感受到運筆的細微差異**。

「這筆鉤得真好。」

「下次寫御朱印，墨要再濃一點。」

這些發現，對A先生來說就是回饋。

發現自己的用心會反應在御朱印的呈現上，A先生才領悟到寫御朱印是一件

「開心的事」。重點在於「一心一意，心無旁鶩」。做事越嚴謹，覺知就越高漲，從工作中得到的回饋也會更多。

這裡還有另一個重點。從A先生的故事，我們還學到**培養覺知，就能隨時回到「初心」**。

仔細想來，A先生生平第一次寫御朱印的時候，每一張肯定都是帶著新鮮且真摯的心情落筆，「祝福拿到這張御朱印的信眾平安快樂。」或許，他還會如此虔誠祈禱著。相同的道理，任何人做任何事，第一次都會覺得很新鮮。如果所有的事都能回到初心，就不會抱怨「好無聊、好枯燥」了。A先生成功**提升了覺知，也找回了初心**。

我（川野）也曾經有過重新找回「初心」的經驗。例如在診所看診。我一天要看幾十位患者，難免會有專注力疲乏的時候。這時我會利用短短一兩分鐘的時間，閉目回想我第一次坐上診療室的椅子，迎接第一位患者的情景。那天我嚴陣以待，非常緊張，直到這位患者離開時微笑著對我說：「醫生，謝謝您。」那一刻我心中的喜悅至今仍鮮明地在記憶中占一席之地。每每回憶起當時的感動，我的心裡便頓時萌生了動能。

培養隨時都能「從失敗中學習」的智慧

覺知還能培養「不害怕失敗」的自己。

失敗會被責罵、會吃虧、會受傷。這些經驗累積下來，遇事就會擔心：「失敗了怎麼辦？」總是猶豫不決，不敢貿然採取行動。這樣的事可能發生在每一個人身上。但是，**如果我們能從「失敗」的事實獲得一些「回饋」，會怎麼樣呢？**

觀察一流的運動員或商務人士，他們縱然遭遇嚴重失敗，也總是面不改色，積極看待，「這是一次很好的經驗。」「只能再挑戰一次了！」他們不是要掩飾失敗或是強顏歡笑，而是心裡很清楚失敗是很寶貴的學習機會。其中祕訣就是「記錄」。失敗的時候不是只有「唉呀，完蛋了」，而是要將失敗如實記錄下來，日後檢討反省。

面對失敗，多多少少會感到痛苦或難受，這裡我們也順便學學如何緩和伴隨而來的挫折感與苦楚。

「最近有一件事啊，就是我好不容易熬夜苦心準備了一份簡報資料，沒想到客戶提出一個意外的問題，我一時答不出來，錯失了簽約的機會。」

就像給孩子念故事書一樣，用「聽說啊～有一個～」這樣的語氣講出來。

在心理學，這是**將自己從痛苦的主觀體驗抽離，站在外部的角度觀察，以「故事」看待事件的一種方法**，把自己當成故事中的人物，保持一點距離，心情就會比較平穩。

又或者把自己當成研究對象，也能中和面對失敗的難受，「下次多花點時間模擬應答的場合」、「可能會被客戶質疑的部分，先請示上司」等，冷靜檢討失敗的原因。

「只要有行動，（無論結果如何）都能學到東西、有所成長。」

一旦掌握這種感覺，失敗將不再是失敗，對失敗的恐懼也會逐漸淡化。不怕失敗，才能勇敢踏出一步。

客觀看待自己的一切，人生會輕鬆很多

覺知帶來「發現」的力量，就是心理學所說的「後設認知」。後設認知是客觀看待自己的能力。

大腦疲勞的時候，會失去後設認知的能力，無法客觀觀察自己的處境。這時候，我們會暫時被負面情緒困住。向全世界推廣正念的越南禪僧．一行禪師用「**情緒的俘虜**」來形容這種心理狀態。人一旦被情緒困住，就不知道自己是為了什麼難過、該如何擺脫，無法做有建設性的思考。越悲傷越走不出來，帶著被悲傷情緒支配的「心眼」看世間一切。這樣的人只會離覺知越來越遠。

藉由冥想使大腦休息，幫我們找回後設認知，就能從禁錮的情緒中掙脫，**遠離痛苦的記憶或情緒，良性地將「自己的事」當成「別人的事」**。無論此刻想法

多麼負面，只要意識到「我現在正在負面思考」，這就是進入後設認知的狀態，負面思考強度也會逐漸降低。

當然，有了後設認知並不代表負面思考會完全消失，我們也不該如此期待。不過，「我現在正在煩惱，感到痛苦。」一旦產生這樣的自覺，這一刻你就跟情緒拉開距離了。這很重要。就像是從直升機上俯視自己的感覺，任何痛苦只要是從空中眺望，都會顯得微不足道，「原來我為了這麼無聊的事情煩惱⋯⋯」對自我情緒的覺察出現，痛苦就減輕不少了。

由此看來，正念也是一種開發後設認知的技術。冥想很有效，但我有更簡單的方法。

那就是**「關上燈，置身於黑暗中」**。

我（川野）一直覺得僧堂的「陰暗」很舒服，在家中也盡量保持只以窗外的自然光作為光源，晚上僅用二十瓦的小燈度過。**空間陰暗雖然有點不方便，卻能大幅提升覺察的敏銳度**。這有點類似僧堂夜間的禪坐，在月光下打坐，覺察力與白天大不相同。打坐對一般人來說門檻有點高，刻意安排一點時間在陰暗中度過，應該相對容易許多。

我（川野）幾年前曾經看過一本書，令我非常有感，那就是谷崎潤一郎的隨筆《陰翳禮讚》。書中說道，因為陰暗，人與事物的美才能浮現出來。這本書將日本人對「光和影」的豐富美感，以細膩又富有機智的文辭描寫，對歐美讀者也帶來莫大影響。那時我一口氣就把這本書讀完了，並深刻體悟到「在僧堂生活的時光，是多麼寶貴的經驗」。

「無事一身輕，心情很平靜。」

「好像又煩躁起來了。」

若能像這樣如實觀察自己的內心，就代表後設認知的開關啟動了。一旦掌握了這種覺察的竅門，即使是明亮的白天，也能輕鬆啟動後設認知。

我（恩田）年輕時曾經聽過東大教授今道友信先生的課，當時教授特別強調，「每天都要保留一點陰暗。」

在這個二十四小時都被數位機器照亮的時代，我們已經漸漸失去陰暗。時代的洪流不會停止，陰暗會不斷減少。但陰暗有陰暗的價值，有些東西，必須是在陰暗當中，才能看見的。

鎖定目標，當個狂熱的粉絲吧！

坦率去享受那些你能打從心底感到「開心」或「有趣」的事，這是提升動能最簡單的方法。

有興趣嗜好的人通常具有較高的動能，也是這個原因吧。相對的，沒有嗜好的人，多半容易缺乏動能。舉例來說，最近流行在「電玩」或「元宇宙」等假想空間中，透過虛擬實境（VR）觀賞偶像明星或人物角色唱歌跳舞，彷彿他們真的在眼前一般。這是將心力投入在追星或是各種興趣活動，來鼓舞自身的潛在意識，而參加活動、演唱會，收集周邊商品或公仔，都能有效啟動內在動能。

沒有興趣嗜好的人，就算想努力培養興趣，也不會太順利。沒有「喜歡」的感情，只是一廂情願以為「這樣就能啟動動能」，卻不得要領，更不能打動自己。

其實，要找到讓自己心動的興趣，除了多方嘗試體驗以外，別無他法。

問題是，**現代人的「感受力」已經非常麻木遲鈍了**。對事物的感受敏銳度太低，越來越多人完全感覺不到「開心」或「有趣」的事有哪些，感受又因此更加遲鈍，陷入惡性循環。建議他們「去尋找開心的事」，他們也會反駁：「要是做得到，我也不會這麼辛苦了。」或是「我本來就不覺得這有什麼好開心的。」

這時，**不妨借助陌生領域的「狂熱粉絲」力量**。那些對一般人沒興趣的東西投注熱情的狂熱粉絲，時常處於極度高動能的狀態。只要待在這種人身邊，自己的動能也會莫名地被帶

動起來。

看別人打遊戲，不知道為什麼，自己也會很開心。像搞笑藝人狩野英孝在YouTube頻道的遊戲實況直播，就非常有趣。

狂熱粉絲的種類千奇百怪，橡膠水管、街角狸、小木屋、人孔蓋、裝飾燈、單隻手套……「到底哪裡有趣？」這些一般人只覺得莫名其妙的東西，狂熱粉絲們卻是認真地、打從心底熱愛著。

我（恩田）很喜歡去秋葉原，定期會到秋葉原的廣播會館看看。曾經有一本暢銷書叫《抛開書本上街去》（書を捨てよ、町へ出よう，寺山修司著），而我是「反正就是要去秋葉原」。

前面說過，「尋找喜好」對低動能的人而言是有難度的，不如先觀察別人，看看世上有哪些狂熱粉絲。去他們的地盤走走逛逛，借助別人的火來點燃自己的動能。

第4章總結

- 瞬間點燃氣勢的叫做「點火動能」。
- 每個人都有自己的優位感覺，要針對適合自己的感覺練習來提升動能。
- 那些「總是精神飽滿、無時無刻都保持高度動能」的人，都是靠著日常規律來提升動能。
- 無論多小的事，先動起來，就能開啟動力的開關。
- 覺知是動力的來源，也是持續鼓舞心靈、激發動能的關鍵導火線。
- 做開心有趣的事，是提升動能最簡單的方法。

第5章

超行動派的第三步：引爆燃燒動能

做回真實的自己，必須考慮的事

在第3章，我們介紹了對於「消除大腦疲勞、使頭腦清晰」非常有效的正念冥想——「專注冥想」（奢摩他冥想）。人類天生就有為了滿足欲望而採取行動、朝著未來努力向上的本質，而冥想有助於激發這種能量湧現。

透過正念，你找回了心靈原有的樣子，此時的你應該已經變得更加行動派了。接著在第4章，我們介紹了「啟動動能」的練習。正念調整好的心，再搭配點燃動能的練習，將發揮更顯著的效果。

那麼，我們在第5章要做什麼？我們要回頭討論曾經在第1章稍微提過的話題：「日本人多半缺乏人生向上的目的意識，以及自我肯定感，而這樣的人很難保持行動力。」

從奢摩他冥想到內觀冥想，我們已經學會觀察事物「原有的樣貌」，而從負面思考解脫以後，做回真實的自己，或許就能發現內心「真正想做的事」。

「情緒」容易冷卻，而「信念」會延續下去

我們再看「燃燒動能」。

需要點火動能的，是大腦已經疲勞殆盡的人、心靈能量幾近枯竭的人，以及心靈能量本來就少的人。或者還有因為某些原因遭受挫折的人、遇到困難瓶頸的人、沒有自信的人，沒有勇氣踏出一步的人。

人的情緒「易熱也易冷」。點火動能的練習，或許能暫時鼓動情緒，連結到行動，但是熱情並不會持續。有些人減肥老是無法持之以恆，但是，「這次一定要減肥成功！」當下滿腔熱血的決心應該也並不虛假，然而大多數人卻總是三分鐘熱度，最後不了了之。

那麼，我們究竟該如何保持情緒的熱度呢？

首先，必須要清楚「為了什麼」＝動機。舉例來說，人生的夢想、目標、使命感、正義感，或是「我希望成為○○的自己」等願景。簡單說，就是「信念」。一切的關鍵就在於燃燒動能的真正作用。

不同於易熱易冷的暫時性情緒，燃燒動能可以將這種「原生情緒」複合起來產生「次級情緒」。次級情緒具有持續性，所以燃燒動能可以使行動持續下去。單純來說，「若有強烈的信念就會努力」，而「努力不了是因為沒有強烈信念」。

既然如此，我們只要從「創造信念」開始就好了。前面說過，人天生就有為了滿足欲望而採取行動、朝著未來努力向上的本質，藉著正念療癒大腦的疲勞，找回心靈原貌的人，一定能夠做到。

燃燒動能也會在潛意識發揮作用，產生開心、興奮、好玩等積極正面的心理狀態，有助於進一步激發創造力和想像力，使人的思維更加彈性活躍。

「我天生性格就是這麼負面。」或許有些人心態比較消極，但是我（恩田）認為，沒有人生來就是性格負面。人的動機可大致分為「趨近型」與「迴避型」。趨近型動機的人會本能地接近喜歡的事物、感覺舒服的事物。而迴避型動機的人本能是「盡量迴避討厭的事物」。前者屬於積極向上的本能，後者則是逃避負面結果的本能，但無論如何，人多多少少都能夠忍受「吃苦」，就是因為有追求積極向上的本能。

不過，有時候人會變得無法忍受吃苦，如果是心靈能量低下的狀態，「點火動能」可以派上用場。若是失去動機的狀態，就要靠「燃燒動能了」。

醞釀「好想行動」的想法和心情

接下來，就來介紹能夠激發動機與信念的燃燒動能練習。

要保持行動力，最重要的還是必須對行動抱有「個人想法」。當我們有夢想或目標，並且想要付諸實現時，內心自然就會湧現澎湃熱情，行動的力量也會隨之產生。

這是有清楚的道理可循，換句話說，在評估夢想或目標等人生願望時，**如果有利（正面），人就會行動；如果有損失（負面），人就會猶豫**。

比起喜歡或討厭，良善或邪惡，人對行動與否的判斷標準，還是以最終結果的得失為最關鍵。

面對「非做不可，但是不想做」的任務，如果分析後確定是有利的，人當下就能切換成「想做！」的積極模式。

如果你現在正在猶豫是否要行動，那就分析看看這件事能夠為你的人生帶來多少好處。

●不想整理房間的時候……

⬇整理好就可以邀朋友來開派對。每天一直叨唸我「去打掃」的家人會改變態度。或許能找到已經不見許久的首飾。房間髒亂的壓力消失，減少為了舒緩壓力的衝動消費。

實在找不到正向的好處說服自己，也可以自己設定「獎勵」。

- 房間整理好，就去看一部期待很久的電影。
- 到喜歡的餐廳吃飯。
- 房間變乾淨，就可以舒舒服服耍廢。

● 買一些觀葉植物和新沙發，好好布置。

想到行動之後有明確的好處，阻礙行動的負面思考就會變得薄弱。訣竅在於「討厭的事」要與「開心的事」一起考慮。

從小願望到大願望，列出人生心願清單

接著試試看「設定目標」的練習。

呼吸冥想後，心情沉靜下來，拿出筆記本寫下四件事：

①現在馬上想做的事

②最近幾天到一個月內想做的事

③未來兩到三年內想做的事

④願意花一輩子實現的人生夢想或目標

越遙遠的未來，寫出內容應該要花更長時間。相對簡單的會是①和②。不必在意順序，想到就寫出來。建議寫出二十項以上。

這個練習的重點是，**不要過度深思熟慮**。想吃壽司、想睡午覺、想回家。無論多小的事，想到就寫，這麼做可以**把壓抑在內心深處「想做的事」慢慢挖掘出來。**不必立定偉大的新目標，只要發現內心有願望，就直接寫出來。

目標設定的練習，不必拘泥什麼時候開始、什麼時候結束。如果後來又想到新的目標，也可以繼續補充。經過這個練習，人的內心將會發生改變，漸漸地，不只是現在想做的事，幾個星期後、幾個月後，甚至幾年後想做的事，都可以用文字表現出來。

然後，就進到下一個步驟。

將上個練習所列出的「想做的事」濃縮至五個項目。主要聚焦**「開心的事」和「有趣的事」**，以正面的事物為優先。

再把精選出來「想做的事」具體化描述。例如，「三年內跑完一場全程馬拉松！」讓這個目標更加明確。

「在電視上看到夏威夷檀香山馬拉松，我也想去跑跑看。從跑者的視角，欣賞夏威夷的景色。有同伴一起跑，會比一個人跑來得開心吧。全程跑完後，大家一起去慶功宴，一定很棒……」

內容盡可能接近真實，可以的話，**盡量想像當時的心情、氣味、聲音等，會更有真實感**。

為什麼想像要越真實越好呢？因為越接近真實，越能強烈感受到「想要實現」的心願或是「一定能做到」的自信，這件事就越容易付諸實行。

運動選手都非常重視動作心像（motor imagery）練習，也是這個原因。

例如，曾經有研究報告指出，實際執行高爾夫球推桿練習的人，與只進行動作心像練習的人，進步的程度會很不一樣。

我（川野）在大學時期是田徑隊的短跑選手，動作心像練習是每天必不可少的訓練之一。我要想像的是，從腳踩上起跑架的那一刻，直到看見終點計時器顯示的時間，這過程中的每一步。恩田則是在劍道練習時，受過想像「先之先、後之先」等過招的訓練。

直到現在，每次演講開始前，我仍會進行動作心像練習。

想像主持人介紹完「讓我們歡迎講師，川野泰周先生」後，登上講台，直到對著麥克風講出第一句話的各種設想。有沒有做這個練習，結果會很不一樣，這點我深有體悟，因為我曾經事前完全沒有準備就輕率地登上講台，結果第一句話就出糗了，為此事後反省了好長一段時間。

你寫下目標了嗎？以前根本想不出來自己想做什麼、怕麻煩、什麼都不想做……現在是不是有些改變了呢？

仍然寫不出來東西的人也請不要灰心。這不是什麼命令，**想做的事想得到就寫，想不到就不寫**。放輕鬆就好。

目標設定的練習，並不只是要練習尋找「想做的事」而已。

目標設定的練習同時也是提升自我肯定感的訓練。

找到你的「英雄姿勢」

燃燒動能的練習，是為了正向情緒和思維。最簡單的方法就是「**想像成功的自己」，並且以「日常規律」的行為或動作來使身體記住這件事**。

所謂日常規律，是指在特定場合重複做一個固定的動作。「睡前做伸展運動」、「對眾人說話時先深呼吸」等等。大聯盟的大谷翔平選手每次比賽前都會對著牆壁投球，大家應該都見過。

在特定的場合做出特定的姿勢，也是常見的日常規律。現役選手時期的鈴木一朗選手，站上打擊區前都會「捲袖並對著投手立起球棒」，這就叫做「英雄姿勢」。想像成功的自己，利用日常規律讓身體產生記憶，必要的時候，就會想起這個姿勢。

但我們還必須考慮，怎樣的日常規律才是對自己有效的。做什麼樣的動作、姿勢，都必須要有意義。因為有意義，才有必要刻意為之。

例如：「睡前做伸展運動」是因為「容易入睡」。「對大眾說話時先深呼吸」是因為「可以緩解緊張」，不過這些效果也會因人而異。

重要的是，「**因為○○，有這個日常規律**」，賦予這件事一個意義。我（恩田）每天晚上要慢跑一小時或仰臥起坐，這是我的日常規律。最初只是「希望身體輕盈一點」，才開始運動，後來我發現運動完「頭腦也變清楚了」，而且運動後的沐浴時光也比較容易想到好點子。對我來說，「頭腦清楚」和「想出好點子」，就是運動這個日常規律的意義。

姿勢也需要意義，但不必想得太誇張。例如，小時候崇拜假面騎士的人可以做「騎士姿勢」，喜歡超人力霸王的人就做「超人力霸王姿勢」，以往職業摔角迷都喜歡做「安東尼奧豬木姿勢」，這些姿勢能讓他們想起當年，情緒就會跟著興奮起來。還有，「學生時代熱衷劍道」的人一做揮劍動作，就會想起青春時代的自己。此外，我們經常看到的備戰姿勢也很有效。

無論怎樣的動作或姿勢，**重要的是它所代表的意義**。這個動作或姿勢所連結的情緒，這個日常規律的由來、故事，只要與過去實際的成功體驗或是正面情緒有關連，就能有效發揮作用。

大聲喊出最愛的熱血動漫台詞

大家有沒有看過這樣的場景，運動選手在比賽中對自己大聲喊：「我一定能辦到！」「集中精神！」「戰鬥！」「我是最強的！」等等。

這叫做「Pep Talk 精神喊話」，可以瞬間提高燃燒動能的效果。

一般人應用這個方法，有幾個要點：

第一個要點，以簡短、正面、淺顯易懂的口號為主。

第二個要點，事先藉著正念，**重設負面思考**。諸如「這樣沒意義啦」、「模仿運動選手，很尷尬耶」這類負面思考等同是動能的剎車，會削弱人的幹勁。

最重要是第三個要點，找到對自己最有效果的一句話。

第3章中，我們知道要立定人生的夢想和目標，培養自慈心來提高自我肯定感，並整備好心態以維持動能。這裡的心態指的是「既定的個人思想，或對事物的看法」。精神喊話的真正目的是，讓我們「重新想起」初心與信念。每個人的初心都不同，有效的句子自然也會因人而異。

該如何找到對自己有效的句子呢？我們暫且不討論艱深的道理，先舉一些比較好懂的範本。

「**我要成為航海王！**」（摘自漫畫《航海王》）

「**讓心燃燒吧！**」（摘自漫畫《鬼滅之刃》）

「**我要成為這個星球的一等獎！**」（摘自漫畫《乒乓》）

這三句話都是暢銷漫畫的主角每次振奮精神的口頭禪，同時與他們的生活方式和個性緊密結合，就算別人拿去模仿，也不會有相同的效果。

如果有一個漫畫主角與自己的夢想、目標和心態相同，他會說什麼話來振奮自己呢？大家不妨朝這個方向想一想。

低潮的時候，就唱首歌吧

回想觸動心弦的格言、教誨、台詞等，或是大聲念出來，同樣能有效啟動動能。有時大聲喊叫，也有類似深呼吸的作用，效果更好。

除此之外，我還要推薦「勵志歌曲」。

你還記得在過去的人生中動能最高的時期嗎？回想當時的情景，以及那時候最常聽的歌曲、在KTV歡唱過的歌曲，**這些歌具有喚回當時高動能的力量**。

我（恩田）還在跑業務時，在業績最好的時期到處都能聽到X Japan的《紅》這首歌。現在，每當我感覺動能低落時，就會播放這首《紅》，音樂一下，動能便馬上又甦醒過來了。

如果你有「聽了就能立刻心情大振」的歌曲，不妨加入播放清單，隨時需要就能用來提振心情。我的播放清單裡一定要有的歌曲有：經典棒球應援歌《Combat March》、電影《洛基》的主題曲、燃燒的鬥魂・安東尼奧豬木的入場曲《火焰的戰士》（又名《INOKI BOM-BA-YE》）。

多攝取蛋白質

我們都知道，飲食一定要考慮營養均衡。其實，還有「吃了就會更有精神，提升動能」的食品，那就是有助於多巴胺合成的蛋白質。

例如，我們常會在進行重要工作前想著：「今天吃燒肉吧！」肉就是蛋白質，有提高動能的效果。除了肉以外，魚、蛋、乳製品、豆腐等，也是很優質的蛋白質來源。

現代人的蛋白質攝取量有缺乏的傾向，**只靠三餐就攝取足夠一天所需蛋白質量的人越來越少**。而人們攝取更多的是米飯、麵包、麵條類等碳水化合物及脂質。

在忙碌工作的空檔，需要吃點東西填肚子的時候，我們會先想到拉麵、咖哩等偏向碳水化合物及脂質較多的食物。但如果連續好幾天「總是覺得沒勁」，就應該要多攝取蛋白質了。若是沒時間備餐，喝高蛋白粉補充也是一種方法。

對寵物「坦白心事」

與人對話時，我們能更客觀地理清雜亂的思緒。你是否也有同感？有時**對話還能讓我們察覺到，自己遲遲沒有行動的真正原因。**

不過，對話也是「雙面刃」，有時候鼓起勇氣把話說開，若被對方反駁「這不對吧」，就無法再繼續討論下去，甚至後悔「早知道就不說了」。

為了避免這種情況，我（恩田）建議大家可以把心事說給寵物聽。當然，寵物不可能完全理解人類的話語。

但是，「**寵物絕對不會講負面的話反駁你，這點可以放心**」，牠們完美具備了傾聽者的一切優點。在純潔無瑕的動物面前，就像我們面對神佛一樣，可以毫無掩飾。這時心裡浮現的話語，不會有謊言或矇騙，是最真實的本心。

「我跟你說喔，今天在公司完全無心工作，原本計畫的任務進度，連一半都沒做到。」

「我怎麼會這樣呢？以前不是這樣的啊。我可能不太適合這個工作。」

「可是，一開始還滿開心啊，怎麼變得不一樣了呢……」

對著聽不懂的寵物坦承心事，必然要面對自己。在這段時間裡，其實是自問自答，與自己對話。這可以幫助我們站在客觀的角度整理自己的思緒。

我要強調，傾訴內心脆弱的一面時，一定要慎選對象。

在寵物當中，狗的表情是比較豐富的，不過有些人可能對著看不出表情的貓比較能坦白。沒有寵物的人，也可以對著玩偶、或是老朋友，他們都是促使我們與自己對話的好聽眾。也有些人會「與鏡子裡的自己對話」，但如果看到鏡子裡疲憊、沮喪的表情，可能反而會變成負面情緒的對話，千萬要小心。

預見未來：回溯夢想的每一步

能成為燃燒動能火種的，就是探索夢想和目標的冥想。在動能虛弱、無力的狀態下，我們對未來很難生出任何夢想或目標，**「想也沒用」這個心理障礙（先入為主的偏執成見）在內心深處作祟**。一有想要做些什麼的念頭，就會出現負面思考，「我一定做不到……」「這樣做一定會被別人批評。」干擾我們的想像力與創造力。

而冥想可以培養自我肯定的情緒，解除心理障礙。

「大膽說出一個很難達成的目標」也很重要，例如：「成為好萊塢女星」、「想住在糖果屋」。雖然一開始就知道這是不可能的，但仍具體思考必須怎麼做才能實現。這有一個專門用語叫做「**回溯分析法**」。

我有一個朋友，從事高齡者與障礙者的支援服務已經許多年，他告訴我，如果問七八十歲的長者：「十年後你想做什麼？」他們有各種夢想，像是「開心健走」、「搭郵輪去國外玩」，還有「穿和服去參加茶會」等。

然後，照顧者又問他們：「想想看，為了十年後可以做到這些事，現在可以做什麼？」他們就會更積極思考如何維持健康，或是增強體能。

將這個方法設計成冥想，為過去、未來、現在三個階段描繪夢想。
首先是呼吸冥想，心靈保持原來的狀態。

① 回溯過去的記憶

閉上眼睛，讓意識回到遙遠的過去記憶。
回想小時候、學生時代，或是剛進社會時的自己。
那時候你喜歡做什麼事？
什麼時候覺得自己很幸福？
你對未來有什麼想法？

② 想像未來

繼續閉著眼睛，接著想像自己的未來。
十年後、二十年後你想做什麼？就算覺得「不可能」、「會被嘲笑」也沒關係。你心裡浮現的「未來」是什麼樣子？

③ 回到現在

大大的深呼吸。

清空剛才的想像、思考的事，重新開始。

再次閉上眼睛，這次要意識的是「當下」的自己。

為了接近剛才想像十年後、二十年後的夢想，現在開始可以怎麼做？很小的事也沒關係，想像「現在可以做的事」。

最後，再一次深呼吸，調整好心情，睜開眼睛。

降低期待，才有空間放大感動

探索自己打從心底認為「開心」或「有趣」的事，在實際體驗之後，可能會發現「其實不好玩」。

曾經有一個人這麼說，

「計畫旅行的時候，因為擔心到了當地會失望，出發前做足了功課。結果，或許是期待太過膨脹，到當地一看，『什麼嘛，這樣而已？』對目的地失望透了。所以我討厭旅行。」

這真是現代人典型的悲哀。

從心理學來看，失望的原因在於「過度預測」。我們在預測的同時，就會產生期待，深信「一定可以獲得這樣的體驗」。問題是，期待通常都是超出現實的，這在觀光地區的例子特別多。研究景點的過程中，不斷瀏覽那些專業攝影師拍的絕美照片，期待逐漸升高，結果實際到了觀光區，卻發現「竟然只是這樣！」，與原先的期待相去甚遠。一般來說，能夠預測的人通常會被認為比較

「聰明」，他們為了避免重大失誤，旅行時也會規畫更周全、做足功課。現今在網路上可以用來預測的各種素材、資料應有盡有，但預測得太多，有時候反而會大幅降低現場體驗的感動。行前過於詳細調查，只為了計畫一趟最完美的旅行，那就不是旅行者，而是領隊了。

總而言之，我的建議是，有點興趣的行程活動，大略簡單查一下就好，盡可能直接去體驗。讓人感動的，往往是超乎期待的體驗。因此，盡量降低期待，才能放大實際體驗的感動。

反過來說，**事前預測越多、期待越大，後來幻滅的風險就越高**。看過影評再去看電影、去美食評價高分的餐廳用餐，搜尋資料可能就已經剝奪了感動的機會。至少是看完電影之後再看影評，享受美食之後再看評價。如果自己覺得好看的電影果然是一片好評，表示自己的眼光沒錯，心裡自然高興。就算是負評，也無所謂。不必難過「自己沒有眼光」，反而應該慶幸「影評專家都沒注意到的魅力，我看懂了」。

麻煩事很多時，優先處理喜歡、擅長的工作任務

在社會上工作的人都很熟悉「To Do List」。這是用來管理業務進度，或安排工作優先次序的方法。不過，條列To Do List這個工作可不輕鬆。光是思考任務的優先次序該如何安排、檢查有沒有遺漏，對「沒有行動力」的人來說，已經傷透腦筋了。就算好不容易完成清單，看到眼前大量的任務，心情已經一蹶不振了。

但是，別忘了，**無論任務多麼龐大，執行的時候仍是一項一項來，也就是「單一任務」**。

「無論如何，先專心處理眼前這個任務吧。」然後開始動手。

這時候不必拘泥「從哪一個開始」。任務的排序確實需要一點技巧，而有些人真的不擅長。重要的是，「哪一項都好，想到的工作當中，先從容易完成的開始」。工作完成時，大腦分泌的多巴胺，以及「我完成一項工作了！」當下所帶來的成就感和興奮感，都會轉化成動能。

其實，工作術的理論多半是從優先次序較高的任務，或是困難度較高的任務先處理。但重要任務往往是比較棘手的，例如，要拜託某個討厭的人、得花好幾個小時寫長篇文章等等。宛如面對強敵一般，貿然進攻很可能會遭到反擊。

不如從「很快就能簡單結束的」，或是「比較擅長的」先做起，這也是一種方法。迂迴一點，先收拾容易打倒的敵人，心靈氣勢強大了，再聚精會神面對強敵。

在朝向目標努力的過程中，也是以「**喜歡、開心的事優先**」為重點。舉一個比較極端的例子，贏得世界大賽優勝的超一流鋼琴家，應該也不是一開始就立志要「贏得世界大賽」。他們的願望往往始於一些很小的事，「先把這個樂句彈好」、「希望獲得媽媽或老師的誇獎」等，一步步達成目標，再逐漸擴展願景，在這過程中達成的每一小步都會持續提高動能。

生活刻意不追求效率，找回燃燒氣勢

我（川野）有時候會心血來潮「找一家店坐坐」，然後出門上街。不看網路評價，純粹憑著好奇心選擇想要進去的店家，遇到「實在不怎麼樣」的店也是常有的事。

年輕人應該會說，「這樣TP值很低耶。」可能還有讀者不太熟悉「TP值」，我們都知道性價比是「CP值」，而時效比就稱為「TP值」。這是年輕世代正在流行的現象，如果要冒著踩到地雷的風險，不如直接去網路上「風評好的店」比較有效率，不會浪費時間。

但我並不這麼認為。因為只要平常培養好的覺知，無論怎樣的失敗，都會有所收穫。即使是發現「原來我不喜歡這種特徵的店」，也會感覺很充實。能夠這樣思考的話，人生中是不會有所謂「TP值低」這回事的。

說實話，我認為**偏重「TP值」的想法相當危險**，因為它只會降低你的動能而已。

舉例來說，如果要選一家店，而且講求ＴＰ值，那就不必開拓新的店家了，只要選擇去過好幾次，滿意度也很高的店一定是比較合理的。迴避挑戰，選擇「安全牌」的固定行動模式，讓生活失去變化。換句話說，人生從此進入安全保守的範圍，維持現狀就是最好的安排。但這樣就沒有產生動能的餘地了。

想要提升動能，**擁有充滿活力的人生，我建議大家要「反ＴＰ值」**。盡可能遠離效率取向，多倚重好奇心。其實正念本身就是一種反ＴＰ值的行為。使用刨絲器，不用花幾秒鐘就能得到一碗高麗菜絲，但我們卻教大家手拿菜刀慢慢切，而且要心無雜念地專心切（高麗菜切絲冥想）。但是，唯有這樣，我們才能真正專注於「當下」，掃除大腦的陰霾。

將「休假」寫進行程表

坦率地做那些打從心底覺得「開心」和「有趣」的事，可以提升動能。大家應該都懂這個道理。但是，**要現代人放心大膽地去玩，或者好好休息，卻是一件難事**，也令人擔憂。平常總是抱怨工作太忙，但真的要休假了，卻又不知道該做些什麼。結果就是待在家裡無所事事、滑滑手機過完一天，大腦完全沒有得到該有的休息。

或許，我們已經變得**如果沒有強烈意志，就不知道該怎麼「休息」，也不會「遊玩」**了。既然如此，以後就把休息的時間、玩樂的日期，都先寫進行程表。不必決定行動的細節，只要大膽寫下「去〇〇玩」、「完全休息日」就可以了。

尤其是看演唱會、舞台劇、運動賽事等，必須事先買票，因為日期已經確定，就可以強迫自己休息出遊了。如此一來，我們就會為了休假行程，事前盡力完成該執行的工作，放心地在休假的日子盡情享受。結果，工作和休假，緊張和放鬆，都有得到適度的滿足，生活中心情也會時常有興奮期待的感覺。

甚至可以貪心一點，給自己安排**「一天一次」的單純玩樂時間，就更好了。**這是不必遷就任何人、完整專屬於自己獨享的時光，利用這段時間好好調整心靈的步伐。不過，也要切記鬆弛有度，像是「打電玩十五分鐘」、「樂器練習三十分鐘」，事先把時間定好，反而更能樂在其中。

培養定期「回想承諾」的習慣

回想承諾，簡單說就是「返回初心」的練習。人是很健忘的生物，有時候忘記初心也是無可奈何。所以不妨培養返回初心的習慣。

我（川野）也有「返回初心」的習慣。

例如，在繼承佛寺之前，我決定轉個彎，先去讀精神科。當時我向總代（檀家的總代表）表明：「我想暫且延後修行，如果大家能理解，就太感謝了。」**每當想起那一天，診所的工作再忙，我都會感覺又充滿動能了**。

如果有可以幫助你回想初心的實物，效果會更好。

每四個月我會上一次NHK的深夜廣播節目，直到現在，我不時還會拿出第一次出演的原稿來讀一讀。一次二十分鐘左右的節目，每次都希望能帶給聽眾有興趣的內容，嘗試不同新的點子，話題內容也要費一番心思。

每每重新讀過頭一回的原稿，我就會想起第一次上廣播節目的喜悅。

「原來我可以透過大家都在收聽的廣播節目，分享這些能有效幫助許多人的冥想法。」當時心裡真的非常高興，而且感覺很新鮮。這種心情，我絕對不會忘記。

大膽「公開承諾」，宣告就不能反悔

「向眾人宣告目標」稱為公開承諾，此舉的效果是「**就算想偷懶，也不能隨**

意偷懶」。我（川野）從幾年前開始參加樂團活動，四十幾歲的和尚還跑去玩樂團，的確滿不好意思的，同時也擔心隊友們平時工作忙碌，無法騰出時間練習。

不過，就是要趁著這氣勢！所以我在自己的YouTube頻道跟觀眾報告：「我開始玩樂團了。」一旦話說出口就不能輕言放棄了。之後幾年，大家聚在一起製作樂曲、錄音，時間雖然不多，但成員們仍堅持活動。最近甚至有同宗的佛寺來委託我們舉辦演唱會，收到邀請的我們都非常樂意欣喜，也很感謝有這樣的緣分。

公開承諾的重點是要**「在某人面前」發表宣言**。只有你自己一個人在心裡說「我要堅持玩樂團」，終究會因為「工作很忙……」「不好意思強迫隊友……」等各種藉口而不了了之。但是，一旦向別人宣告目標，我們對這個承諾就有責任，不能輕易反悔。

有眾多追蹤者的網路社群也是很適合公開承諾的環境。只不過「渴望被別人肯定的自尊需求」可能會讓我們每次在網路社群公開個人行動時，**因為太在意**

「別人怎麼看我」，而把自己逼到絕境。如果你做不到自我接納，公開承諾或許會是一把「雙面刃」，反過來對你造成傷害。

跟《孤獨的美食家》學習後設認知

覺知提高，就能從失敗學習，成為不怕失敗的自己。要解釋這句話有點難，但練習很簡單。

首先是「自言自語」。例如，

「這傢伙，真令人生氣～」

無法釋放憤怒的情緒時，

「我心裡想的是『這傢伙，真令人生氣～』」

在心裡將想法或情緒轉成話語，然後加上「我心裡想的是」。

也可以參考電視劇或電影中常用的**「人物獨白」**。沒有在對誰說話，只用自己的台詞在推進故事，是角色吐露心情時常見的手法。如果無法冷靜觀察自我當下的處境，獨白就無法成立。所以，獨白中的感覺，就是後設認知。

「我心裡想的是○○……」只是一個例子。我（川野）認為最妙的範本就是漫畫《孤獨的美食家》主角井之頭五郎。翻拍的電視劇也大受好評，或許電影版更容易讓人有畫面感。他總是一個人吃著飯，

「嗯，好吃的肉。貨真價實的肉。」

「豬肉和豬肉味噌湯，我點了兩個豬。」

他把自己正在做的事、感受到的滋味都轉成了語言。

說出來可能會引人側目，在心裡默念也沒關係。向「五郎」看齊，養成自言自語的習慣。

前面也介紹過以「我跟你說啊～有一件事～」這樣的語氣講出失敗經驗，這種第三者視角的旁白風雖然不是獨白，但也同樣有促進後設認知的效果。把自己當成故事中的人物，**與現實的情緒保持距離，心情就會沉靜下來**。這在心理學稱為「客體化」，也就是將自己內心產生的情緒或思考，當成外部的對象來處理。

第5章總結

- 人的情緒「易熱易冷」。要持續激發行動的幹勁，這股堅持下去的動力需要「燃燒動能」。
- 一個能保持行動力的人，一定有「個人思維」作為行動的基礎。
- 「大膽立下難以達成的心願」為實現目標，才能推進具體的行動。
- 預測過多會大幅降低感動的程度。盡量降低期待，才能放大感動。
- 想要提升動能，獲得充滿活力的人生，不講求效率的「反TP值」是個好方法。
- 我們已經變得如果沒有強烈意志，就不知道怎麼「休息」和「玩樂」了。事先預訂休假或遊玩行程，然後記入行程表，強迫自己休息。
- 想像自己是故事中的人物，與現實的情緒保持距離，心情就會沉靜下來。

第6章

擁抱樂觀主義的人生

樂觀主義使人生一帆風順

樂觀主義，是燃燒動能的一大主題。

牛津大學的伊蓮・福克斯（Elaine Fox）對樂觀主義的定義是：「不僅是關注事物的美好，對事物無論善惡都如實接收，心態上摒棄負面，正向地看待一切。認為有創造力地解決問題，才是最符合現實。」

無法行動的人，大多是即使心裡有「想做的事」，也會在**說出口前就先自我否定**，「太麻煩了。」「反正不會開心。」「不可能實現啦……」「人家會怎麼說呢……」

這個壞習慣會養成悲觀主義的心態。口頭禪說著說著，漸漸就會刻進內心深處，凡事都想打退堂鼓，陷入負面的惡性循環。

但「想做的事」其實沒有消失，它還是在我們內心深處，等待再一次被發現的機會。

要引出意識下的樂觀種子「希望和欲求」，可以用「貼標籤」這個方法。例如，心情很悲觀的時候，不要因為這種情緒而意志消沉，對自己說：「事情或許並沒有那麼嚴重。」將心中浮現的想法**「貼上客觀的標籤」**。這個練習可以幫助我們重新審視自己是如何解讀遇到的人事物。

實習醫生第一次解剖實習時，為了抑制看到器官的噁心感，會對每一個器官都賦予醫學意義，只想著這些器官在身體裡面擔任的功能，如此就可切換不適的負面情緒。

「貼標籤」之所以能在我們大腦裡發揮威力，真正的推手是**透過正念冥想增強的「自我覺察力」**。

用貼標籤的方法來認識自我，需要具備能以觀察者視角客觀眺望自己的能力。排除一切雜念，集中意識使觀念趨向中立的冥想是很有效的練習。原本悲觀的見解或負面思考的起因並不是外界發生的事，**你自己「如何解讀」這些事**才是真正的原因。所以就算心裡是悲觀的，只要將它視為無形的想法不多加理會，就可以讓心情轉為客觀中立。

這邊必須提醒大家，「**不是對事物做正面思考**」。樂觀與正面思考不同，負面情緒很難用表面的正面思考就成功切換，有時甚至還會產生反效果。換言之，正面思考並不是萬能。而樂觀不是試圖正面思考，而是發起行動，讓事物轉為正向的狀態。貼標籤就是一種方法。

人在有希望、喜悅的正面情緒時，思考的範圍自然會逐漸擴大。解開思考的框架，毫無拘束才會有創造力。**最可怕的就是因為「限制」而陷入習得性無助**。習得性無助是賓州大學馬丁・賽里格曼所提出的概念：「人在持續的限制狀態下產生偏見，而感覺無助。」負面思考與悲觀的心態就是這樣引起的。

我們有時候坐在汽車的副駕駛座或是機車的後座會感到不安，是因為不能自主駕駛的狀況讓我們感覺沒有自信。人類本能地就會希望自己有能力掌控身邊的情況，也想獲得這種控制感。掌舵自己的人生，即使是小事，也希望自己可以應付，就是樂觀主義的原動力。樂觀也是堅持努力的泉源。

貼標籤是啟動行動的契機，觀察自己的認知，切換主體意識幫助自己轉為更主動積極的心態。並不是要強迫正面思考，而是從中立客觀的視角探尋不同的想法、觀點，這種樂觀的心態能讓我們的思考框架產生一絲「正向」的縫隙。希望的種子就能從此處擴散開來。

在日常生活中，我們要養成**「重複且堅持」貼標籤的習慣**，再加上正念冥想的助力。心理學家芭芭拉．佛列德里克森（Barbara L.Fredrickson）建議，當你有一個負面又悲觀的情緒時，就要描繪或感受三個正面又樂觀的情緒，這就是情緒的「黃金比例」。她以各種實證數據告訴我們：「不要想排除負面情緒，這是不切實際的。重要的是努力堅守比例，擴大樂觀的框架。」

讓「貼標籤」能更持續且有效引導我們樂觀行動的關鍵，是目標設定的練習。有了目標，我們平時就會充滿對未來的希望和實現的渴望。**目標是專屬於自己「想做的事」**。不必與他人分享，也不必擔心別人說什麼。如果「想住在糖果屋」，那就寫下「想住在糖果屋」也沒關係。

無論想到什麼都寫出來，漸漸地就會變得勇敢，

「我想做的事，至少只告訴我自己。」

「想做的事，沒有必要忍耐壓抑。」

如果能夠這樣想，你就向樂觀主義「**踏出第一步**」了。

接下來就是試著具體設定目標。目標最重要是達成度的設定，像是做到什麼時候，想達到什麼程度。目標設定越符合實際，行動就可以越具體，也更容易掌握整體樣貌。

樂觀的重點是「真實」。真實就是「自己能力所及」，換句話說，「不要設立無法駕馭的目標」。

受制於悲觀的人，正是因為目標設定了**「過高的達成度」，而「不切實際的達標門檻」會導致「無法駕馭自己的行動」**。

對於能力稍有不足的人來說，的確是一種「助力」，但這僅限於充分了解自己有多少成長空間、且有自信「準確預測」的人。一開始的目標還是先享受「達標的樂趣」與「增加自信」就好。樂觀的元素就是實際感受「開心」、「喜悅」和「歡笑」，而有了成就感才能讓這些元素成為真實。

最初設定合理的「一日可達成度」或「一週可達成度」就足夠了。先做到堅持到底，並全部完成。做到這點需要「開心有趣的內容」，以及「可掌握的能力範圍」。

獲得蕭邦鋼琴大賽亞軍的鋼琴家反田恭平曾說過，他最初的目標只是「練就能彈完整首樂曲的體力和指法」。他並非一開始就打算參加國際大賽，但是「空想」很重要。滿心期待地做白日夢，想著「我希望總有一天～～」，同時設定符合現實且能力可及的目標，踏實地一步步實現、前進。這就是目標設定最重要的核心。所謂目標管理，就是藉著「不斷重複」來培養習慣的練習。獎勵與努力的拉鋸越符合現實，樂觀度也就越高。

從「〇〇才厲害！」到「失敗也沒關係」

我們再思考一下，樂觀主義到底是什麼。

說起樂觀主義，有些人的想像是「總是心情很好，很開朗」，其實這是常見的誤解。**要接納「真實的自己」，包含不厲害的自己、脆弱的自己，連悲觀的一**

面都一起接受。樂觀主義是「不僅正面和負面都接受，對未來也衷心懷抱希望，帶著現實可能不盡如人意的覺悟，仍積極並有意義地過每一天」。所以要「培養受挫力強大的心靈，認清事物的真相，並堅持相信自己能夠掌控情況」。

正念並不是把脆弱的心變強大，或是把負面思考的人變成正面思考。在精神醫療的領域，也有採取這種方法的治療，但正念其實不是要「提升正面能力」，反而是**「提升負面能力」**的想法比較適切。這裡所說的負面能力，是指心靈接受負面事物的包容力。也有專家認為正念是「提升脆弱性」，脆弱性也是指接受自己的軟弱，與之共存的能力。脆弱性提升了，就不會想要消滅自己的軟弱，不再為軟弱苦惱。

樂觀的人就算被指責「這裡不行」、「這是弱點」，也不會因為跟別人比較而自卑。他們清楚自己的缺點，「那也是我的一部分，我無所謂。」完全接納真實的自己。不過，這可不是說面對自己不好的地方都放任不管。他們反而會積極思考如何克服缺點，主動磨練自己，是勇於面對現實的行動派。

仔細想想，**現在這個時代，人們好像總是在與他人比較，很介意別人的眼光**。

例如，原本覺得「我很會打電玩」，卻馬上在YouTube看到更厲害的玩家。不管願不願意，在被迫得知「我是井底之蛙」的狀況下，我們是否還能坦然地認為「我就是我，不是第一名的玩家又怎樣」呢？現實中，對能力好壞感到患得患失的人還是居多吧。

樂觀主義的人，即使看到比自己更厲害的玩家，也能不為所動。因為他們的心態是「重點不在結果，而是享受行動的過程」。

跟別人比較時，如果**只以優劣來決定自己的存在價值，一旦看到別人的成果優於自己，動機便蕩然無存**。尤其是在意別人的眼光，只為了「得到讚美」或「讓人覺得厲害」而努力的人，比起享受過程，他們傾向於更重視結果。所謂「三歲定終身」，孩童時期形成的心態，長大成人就很難改變了。甚至任其發展的話，只會更加根深蒂固。

反觀樂觀主義，他們不與別人比較，只享受行為本身。「因為開心所以行動」↓「因為行動所以開心」↓「因為開心所以再行動」。

無論結果如何，「世上比我厲害的人多的是，但我還是樂在其中。」非常自信地享受過程的喜悅。確實感覺到自己的人生方向由自己掌握，動能當然就會源源不絕。

我們似乎也可以反過來說，**「享受行動本身，就不必在意別人的眼光。」**人往往是聽到「不要在意別人眼光」，反而更在意。如果說「接下來的五分鐘，只有白熊的事『不要想』」，我們反而會忍不住一直想。這個「白熊效應」就是一個很好的例子。但只要全心投入行動，就沒有空理會別人的眼光了。

這裡有一個範本。

電視劇《獨活女子的守則》生動地描寫一位「曾因太在意他人目光而不敢行動」的女子，後來因為邁出步伐勇敢行動而改變人生的日常生活。主角其實嚮往一個人自由自在的生活，卻因為太在意別人的眼光，而遲遲不敢出門獨享生活。最終，她終於鼓起勇氣，一個人去了高級餐廳、天文館、澡堂、烤肉等，這一連串「獨活」之後，過去的煩惱也跟著全部煙消雲散了。

故事的主角並不是「本來就樂觀，可以享受獨活的人」，這是我特別佩服的地方。女主角原本是悲觀論者，但透過一次次的行動發現「這樣好棒」，漸漸地不再介意旁人眼光，樂觀度也因此越來越高。《獨活女子的守則》中的情節其實都是社會普遍的現象，所以二〇二一年第一季在電視上播放時就頗受好評，之後每年繼續推出新系列，也是因為大家深有共鳴。

我也會在門診時，跟患者說到獨活的重要性。尤其是那些**與別人相處時很容易受傷，或是對別人不經意說的話過度反應的人，我會更積極帶入獨活的話題**。這些病患中，很多人都覺得「自己無法與人正常交往」，態度非常悲觀。所以大可不必管別人，與自己相處的時間才是最重要的。不過，不能一開始就教他們「正面看待生活」，而是要**「先學會『獨自一個人』慢慢嘗試」**，這樣才能逐步體驗到正面的情緒和歡笑。牛津大學的伊蓮·福克斯教授的研究調查也證明了這些行動的效果。

舉例來說，如果你正在猶豫，「很想去熱瑜伽教室，但是我的身體這麼僵硬，體態也還沒練好，不敢去……」那就先去試試「藥草蒸氣浴」。在專屬的蒸氣箱裡享受藥草蒸氣是非常舒服的，而且只有你一個人，完全不必在意別人。女生多半體質虛寒，這種「溫熱活動」大家應該都有興趣。一個人漸漸習慣以後，或許就會想嘗試更多相關的活動，「下次去試試蒸氣三溫暖吧！」甚至「體驗熱瑜伽似乎也不錯……」越來越擴大行動的範圍。不在乎結果，只享受過程的經驗，會慢慢提升樂觀度。與《獨活女子的守則》有相似經歷的患者不只一兩位，許多人都表示深有共鳴，簡直就像是在看自己的故事，這樣熱烈的回應令我印象非常深刻。

「自慈心」是樂觀主義的支柱

關於樂觀主義，我們可以多探討一下。

其實，樂觀主義必須有一個重要的心態作為前提。

要有一顆愛自己的心。

無論如何都疼惜自己，完全包容自己。

我們稱之為「自慈心」。

福克斯教授強調，「為人生積極努力。工作也好，興趣也好，都積極參與。」「人生不是只有今天明天，要用長期視野，看出人生的意義。」「要時時感受我的人生由我掌舵。」這三個態度能使樂觀發芽、茁壯。這就是**自慈心的本質——「愛自己」**。

禪宗教我們自慈心的精神，

「自利利他圓滿＝愛自己才能真心疼惜別人，有這樣的心才是圓滿的人生。」

這叫做「自我關愛」，近年來在歐美的心理學及精神健康領域也受到相當關注。自慈心程度高的人，即使遭遇失敗也不會沮喪，因為他們會從經驗中學習，樂觀主義〈福克斯教授稱為晴天腦（Sunny Brain）〉的研究也以此為重要論點。

關於自慈心的效能，還有其他許多實證。自慈心高的人，比較不容易發生長期身心超負荷的過勞狀態，因為壓力造成的皮質醇分泌也較低，對人生的好奇心及幸福感程度較高等。

如同樂觀主義的定義，自慈心不是刻意去學的技能，而是藉著發現內在真實自我而「自然顯露」出來的。慈悲早就在你的心裡，只是需要去喚醒而已。

正念的練習中有培育「點火動能」的冥想，也有使樂觀主義更成熟的冥想，讓「燃燒動能」可以持續。

正念冥想中有一種「開放式覺察冥想」。不是要「集中意識」，而是「自我觀察」的冥想。其中效果最好的練習是「覺察善意冥想」。藉著這個冥想，可以體驗到自己的心充滿溫暖的感覺，對周遭的人、外在世界的一切都能感受到自己的慈悲和溫

柔，非常奇妙。

首先做一次深呼吸，意識專注在這一刻的呼吸上。深深地吸氣，再慢慢地吐氣。心準備好了之後，輕輕閉上眼睛。

① 假設有重要的朋友或家人，與你有相同的煩惱。

例如，工作不順、與家人朋友起衝突，諸如此類的煩惱。當然，「做事總是拖拖拉拉」這類也可以。

看到你所重視的親友這樣苦惱，你會跟他說些什麼？怎麼說都沒關係，想一些安慰、鼓勵的話，在心裡一直重複。

「無論發生什麼事，我都會在你身邊。」

「生活總是會有不順利的時候。」

「不然今天去吃點美食，轉換心情，如何？」

你應該會想到這些吧。

② 接著，放下這些重要的人，同樣的話，對你自己說。

在心裡默念幾次。

到這裡，自慈心還沒有顯露也很正常，因為即使對重要他人有善意，也**不見得懂得反過來安慰自己**。所以在進行這個冥想時，前半段很順利，後半段或許會感覺彆扭。

不過，只要每天反覆練習，漸漸地，你在冥想中會開始肯定一直努力的自己，也能對自己說些安慰的話。隨著這個習慣的養成，溫暖的心不只存在於冥想中，也會延伸到生活日常，對自我和他人都更加疼惜與體貼。

樂觀是「接納不完美的自己」

不習慣安慰自己的人在做「覺察善意冥想」時，可能會感覺不好意思，很彆扭。或者是，明知道要對自己說溫柔的話，言詞卻很笨拙，「這麼肉麻的話實在說不出來……」心裡產生排斥感。

即便如此，**也不要放棄對自己說溫柔的話**。因為，你會漸漸不再否定自己。自慈心是靠日積月累的練習才會慢慢顯露出來。今天好不容易提升的自慈心，可能明天又沉下去。但長遠來看，自慈心是一定能培養起來的。

也曾有缺乏自我肯定感的人向我坦承：「我這麼差勁，讚美的話怎麼說得出口。」

我告訴他們這是「普遍人性觀」，每個人都有一點「不完美」。大家想想看，這世上沒有一個人是完美的。每個人都有很多缺點，都會失敗、也都會犯錯。

我，和你，都不完美。為了燃燒動能而實踐正念冥想的時候，也一定要記得這一點。堅持冥想，就能逐漸懂得選擇善待自己，接納不完美、真實的自我。

與別人交流時，也不要忘記普遍人性觀。

我們往往會無意識地對別人抱有「他很完美」的幻想，尤其是對名人。所以當他們鬧緋聞的時候，不完美的真相一暴露，我們就會很失望、憤怒。這就是悲觀主義的來源。

即使是演員、模特兒、歌手，又或是老師、政治家，都跟你一樣是凡人，都不可能完美。無論如何盡力，也難免會判斷失誤，甚至違背他人期待。

重要的是，**對自己或他人，都不要有「特殊待遇」**。

詩人兼書法家的相田光男先生曾說「因為我是人啊」，正是要教我們這個道理。「因為是人，所以沒辦法呀。」

所以，當你對差勁的自己或差勁的他人感到失望時，在心裡默念這句話吧。

從「利己」到「利他」的心境

有行動力的人，都有「利他」的心。以樂觀主義為中心「保持行動力」的人，最大的能量來源就是利他的精神。

說到利他，一般人的印象可能是「壓抑自己的欲求，為他人犧牲自己」。**但**

如果所做的一切都只是為了社會大眾、為別人，就是單純消耗自己而已。

這種看起來是「利他的行動」，卻不是實踐「真正的利他」。看看甘地、南丁格爾、德蕾莎修女等，這些為拯救別人貢獻自己人生的偉人，他們與一般人印象不同，決不是犧牲自己為他人付出一切。他們是不求回報，卻也不會消耗自己，將一生奉獻給利他行動。因為他們都充滿了自慈心，並且願意分享給他人。這才是利他的精神。

真正的利他與實踐，必須有自慈心的扎根。

利他是指自己的精神面獲得滿足，充實豐盈了，還想把多餘的愛與善意分享給他人，所以不要求回報。**只要單純抱持「想要給予」的心態，即使是舉手之勞也很有意義。**

佛教中對於利他，有所謂「無財七施」，也就是眼施、和顏施、言施、身施、心施、座施、房施，這七種布施。是每個人都可以做到的利他行動。

眼施，是用良善的眼光看人。

和顏施，是和顏悅色待人。
言施，是說好話。
身施，是照顧別人的身體。例如「幫老太太提重物」就是很好的身施。
心施，是用真誠的心對待別人、關心別人。
座施，是讓座給別人。例如「把舒服的座位讓給老人家」。
房施，給予棲身的處所。例如「收留需要幫助的人」、「提供屋簷讓人休息」等。

這些都是舉手之勞，但不只是對方，自己也會感到很溫暖。如果有回報，「讓我感受自己也有這種溫暖」就足夠了。

利他精神一定要注意的是「感謝」的回報。事實上，對醫護人員、教師、警察等這些奉獻的職業，過勞的原因就在這裡。

無論是醫療或教育領域，許多人都會帶著「受到別人的感謝會很高興」的心情，不知不覺承擔過重的業務。受到感謝，固然是很高興，**但是需要被感謝的心**

態太強烈卻是很危險的。「只要努力這麼多，就會有相應的回報。」抱著期待拼命努力，事後卻沒有得到回報，這在現實當中很常見，得不到一句「謝謝」也是家常便飯。有時候對別人親切，對方卻不領情，甚至還惡言相向也不足為奇。「我這麼努力為他做事，為什麼他還這樣對我！」為此動氣、失望，再多的善意最後也會耗盡。

樂觀主義的心態或自慈心，讓我們的心靈不會有所動搖。就算沒有人說「感謝」，也沒關係。利他行動本身就足以溫暖我們的心，也強化了我們天生的善良本性。

接下來我將介紹幾種練習，幫助我們提升樂觀主義。

寫一份「認知歷程表」，化開「不想動」的心結

「書寫」這個行為，對於促進自我覺察力有很好的效果。例如，「不想動」的理由，你有沒有試過具體說出來？「因為沒有動力」、「因為害怕失敗」、「因

為努力也沒有意義」等等，姑且不管是否真實，你心裡一定有幾個「應該就是這樣」的理由。

那麼，你有沒有想過，造成這種想法的根源是因為發生過什麼事？「為什麼沒有動力？」「為什麼害怕失敗？」「為什麼會覺得努力也沒有用？」

「認知的履歷表」這個練習是藉著**回顧過去的人生經歷，整理出影響我們形成現在想法（認知）的種種過往，進行一場「內在盤點」**。順序如下：

① 寫出「不想動」的原因，也就是這件事情的相關認知與想法，以及可能導致這個結果的往事。

例如，「為什麼覺得努力也沒有用？」如果突然要特定找出某一件往事可能比較困難，不妨先列出可能的理由。

「之前選擇重考，我真的很努力用功了，結果還是沒考上第一志願，而且父母還怪我白繳學費給補習班了。」

「出社會看到那些拼命工作的人，還不如懂得投機取巧的人容易出頭。」

「喜歡的藝人說過『總是強調自己很努力的人感覺滿遜的』。」

任何你想得到的理由都可以，沒有絕對的限制。

② 逐一反駁前面條列出來的理由。

「雖然沒考上第一志願，但考上了去年落榜的大學，重考還是有意義的。」

「在其他部門，勤懇努力的人依然能獲得應有的肯定。」

「那個藝人還不是暗地自己偷偷努力。」

反覆這些練習，可以逐漸化解「不想動」的心結，也能找回正面的心態。

每晚寫「完成日記」，實踐加分生活法

接下來是，接受真實自我的「自我接納」（self acceptance）練習。

遇到那些前來診所諮詢「無法愛自己、包容自己」的患者，我（川野）都會建議他們做這個練習。

方法很簡單。睡前寫下三項「今天完成的事」，用筆記本或手機的記事本，條列寫出來就可以了。

「完成的事」不必是什麼偉大的成果。每天日常都會做，簡單就能完成的事就可以了，藉著「完成一件事了」誇獎自己，可以幫助自我接納。

- 準時上班。
- 有好好吃三餐。
- 有泡澡。

一開始這樣就可以了。

習慣以後，就可以嘗試找更有感的「完成事項」。

- 用手機拍了很棒的照片。
- 向對我友善的人說了「謝謝」。

諸如此類，你能找到的完成項目會越來越多。

不會自我接納的人，其實就是自慈心還沒有發展完全，比起「完成事項」，他們更在意的是「沒完成的事」和「做不到的事」，這種心態叫做「扣分生活法」。遲到，扣十分。「絕對要執行」的減肥沒做到，扣十分。對家人說話太無禮，扣十分。每天這樣扣，有再多分數也不夠扣。

人是不完美的生物，如果凡事都想要扣分的話，真的沒完沒了。

要培養「自我接納」，就得用「加分法」。

假設現在是零分。藉著寫完成日記，「完成〇〇，加十分。」確實地把分數加上去。當然，沒有完成或失敗也是無法避免的，自我接納的程度提升了，自然就能接受「沒有完成也沒關係」，情緒再也不會受到影響。

在冥想中練習愛自己，也感謝自己

●產生利他精神的「感謝冥想」

閉起眼睛，先做呼吸冥想，讓心情沉靜下來，再進行以下步驟。

1. 回想過去曾經照顧自己的人，以及受惠的具體內容。公司的上司或同事、父母、學校的老師等，腦海中浮現他們的臉，在心裡由衷感謝他們：「感謝讓我生活無憂。」「失戀的時候，謝謝你鼓勵我。」
2. 接著是現在照顧或幫助自己的人，同樣地在心裡感謝：「非常感謝你總是為我〇〇。」

3 最後是對自己，「感謝我自己一直認真努力。」透過這樣的練習，能以溫暖的心情結束一天。從愛自己的習慣，逐漸培養出祈願他人幸福的「利他」精神。

有些人不懂為什麼要「感謝自己」，甚至反駁「做起來很彆扭」、「我又沒努力做什麼」。

那就**對著自己「身體的一部分」表示感謝**，可能會簡單一點。例如，對著雙腿說，「感謝你每天認真走那麼多路。」或者對心臟致意，「感謝你從不間斷地為我跳動。」還能對整天打電腦的手指感恩，「今天很累了吧，謝謝。」

對經常使用的「物品工具」說感謝，也是很不錯的方式。

「還好有這副眼鏡，我才能好好看書，謝謝。」
「有這支筆，工作特別順手，非常感謝。」

發現自己身邊有這麼多值得感謝的事物，應該會很感動。希望大家每天都能帶著這份身心滿足的充實感，持續下去。

提升自我接納的「慈悲冥想」

「慈悲冥想」是培育對自己的關心和疼惜（自我關愛），並將這份心意延伸至他人的內觀冥想，傳承自上座部佛教的冥想修行。

1. 深呼吸，意識「當下」。
2. 閉上眼睛，想一個你心目中重要的人。家人或照顧過你的人，已經不在人世也沒關係。想像他正微笑看著你。

❸ 在心裡對這個人說以下幾句話：

「願你幸福。」

「願你健康。」

「願你平安。」

「願你每天怡然自得。」

這四句話不一定全部都要講，只講其中一兩句也沒關係。以你覺得舒服的講法重複幾次。

❹ 再一次深呼吸，吐氣的時候，放開對這個人的想像。

❺ 接著，同樣的四句話，對自己說幾次。

願我幸福。

願我健康。

願我平安。

願我怡然自得。

❻ 最後再慢慢深呼吸，調整心情。慢慢張開眼睛，結束這次慈悲冥想。

對於自慈心還沒有完全顯露的人來說，他們可以為重要的人設想，卻不習慣關懷自己。**在這段冥想的時間裡，溫柔看待努力生活的自己是很重要的。**一開始可能會覺得說這些都是空話，但只要堅持練習，漸漸就能坦率接受對自己的關心了。

第6章總結

- 沒有行動力的人，多半是就算有「想做的事」，也會「覺得麻煩」、「反正做了也不會開心」，先否定再說。

- 樂觀不是凡事正面思考，而是發起行動，讓事物轉為正面的狀態。

- 陷入悲觀的人，往往是因為設定了「過高的達成目標」，或是「無法駕馭自己的行動」，而逐漸產生無力感。

- 「不管結果好壞，只享受行動的過程」，就不會在乎與別人比較。

- 心靈因為「愛自己」而得到充分的溫暖，就是樂觀心態的基礎。

- 人是不完美的生物，可以扣分的地方多的是。

- 學會為他人行動但不內耗自己的「利他精神」。

一念的威力！超・行動派的心靈氣勢養成法
クヨクヨしない すぐやる人になる「心の勢い」の作り方

作　　者　川野泰周、恩田勳
譯　　者　蔡昭儀
主　　編　林玟萱

總 編 輯　李映慧
執 行 長　陳旭華（steve@bookrep.com.tw）

出　　版　大牌出版 / 遠足文化事業股份有限公司
發　　行　遠足文化事業股份有限公司（讀書共和國出版集團）
地　　址　23141 新北市新店區民權路 108-2 號 9 樓
電　　話　+886-2-2218-1417
郵撥帳號　19504465 遠足文化事業股份有限公司

封面設計　FE 設計 葉馥儀
排　　版　新鑫電腦排版工作室
印　　製　中原造像股份有限公司
法律顧問　華洋法律事務所　蘇文生律師

定　　價　390 元
初　　版　2025 年 03 月

電子書 E-ISBN
9786267600481 (PDF)
9786267600498 (EPUB)

國家圖書館出版品預行編目資料

一念的威力！超・行動派的心靈氣勢養成法／川野泰周、恩田勳 著；蔡昭儀 譯 . -- 初版 . -- 新北市 : 大牌出版 , 遠足文化發行 , 2025.03
224 面 ; 14.8×21 公分
譯自 : クヨクヨしないすぐやる人になる「心の勢い」の作り方
ISBN 978-626-7600-47-4（平裝）
1. 靈修　2. 生活指導

192.1　　114001290